KB036419

스토아적으로 살아갑니다

A Better Human: The Stoic Heart, Mind, and Soul

스토아적으로
살아갑니다

지금 여기서 행복한 고대인들의 생활철학

조지 브래들리 지음 김은경 옮김

프롬북스 frombooks

들어가며

누구나 좋은 사람이 되기를 바란다.

아니, 다시 말하겠다. 누구나 훌륭한 사람이 되기를 바란다. 우리 모두 가능한 한 최고로 훌륭한 사람이 되기를 바란다.

그렇다면 그것은 어떻게 가능할까?

오늘날 종교와 신조creed, 자기계발적 선언의 대부분은 인간의 삶을 더 높은 영역에 이르기 위한 일시적 시험대에 불과한 것으로 보고 구원 얻을 방법에 초점을 맞춘다. 혹은 어떻게 하면 세상으로부터 영향을 덜 받을 수 있는지, 세상이 주는 고통을 덜 받을 수 있는지에 대해 말한다. 당신 역시 이런 것들을 바란다면 모두가 나름 바람직하고 좋은 것이기는 하다.

하지만 만일 당신이 훌륭해지고 싶다면 어떻게 그렇게 될 것인가? '훌륭함'이란 무엇이고 우리는 어떻게 훌륭해질 수 있을까?

불교의 일부 교파를 제외한 대부분의 사상체계는 오직 더 큰 도덕적 계획의 부차적 결과로서 사람들이 이 세상에서 바람직하게 사는 방법을 가르치는 것을 목표로 삼는다. 우리는 이웃에게 선하게 대해야 하며 대접받기 원하는 대로 대접해주어야 한다. 사람을 죽이면 안 되고 물건을 훔치면 안 된다. 더욱 엄격하게는, 특정 음식을 먹으면 안 되고 다른 생명체를 해치면 안 된다. 신과 조물주, 신들이 그렇게 명하기 때문이다.

신을 믿지 않는 사람이라면 자신의 행동에 계몽적 원리를 적용해야 한다. 그러나 이러한 원리들은 지금 이 삶에서 더 나은 인간이 되는 방법이나 우리가 될 수 있는 가장 훌륭한 인간이 되는 방법을 가르쳐주지 않는다.

하지만 한 부류의 사상가들은 지금 여기서 성공적이고 기쁨 넘치는 삶을 어떻게 살 것인가에 대한 방안을 실제로 제시했다. 나는 이 책에서 오랜 세월 부당한 비난을 받아온 그들에 대해 말하고자 한다. 그들이 발전시킨 개념은(단순히 개념뿐만 아니라 실행 방안까지) 현대인의 삶에도 적절할 뿐만 아니라 성공과 성취에 핵심 요소이기 때문이다.

이것은 스토아주의라 불리는 철학이다. 기원전 3세기 아테네에서 이 학파의 창시자 키티온의 제논은 일종의 순회 토론 그룹 혹은 '학파'를 이끌었다. 소크라테스, 플라톤, 아리스토텔레스가 그랬듯이 말이다.

스토아 철학은 그리스의 교사들과 사상가들이 발전시켰지만 실제로는 로마에서 꽃을 피웠다. 특히 로마의 키케로와 소小 카토 같은 유명한 지도자들은 이 철학에 기반한 삶을 살았다. 그들은 스토아 철학을 바탕으로 인생을 바라봤을 뿐만 아니라 민주주의에서 제국으로 급변하는 세상을 성공적으로 헤쳐 나갔다.

하지만 가장 영향력 있는 스토아 철학자들은(그리고 이 철학의 실천가들은) 아직 등장하지 않았다. 이들은 바로 세네카(네로 황제의 조언자였을 뿐만 아니라 그 나름대로 성공한 사업가였다), 에픽테토스(자유를 얻은 그리스의 노예였으며 로마에서 스승의 역할을 아주 훌륭히 해내었다), 그리고 마르쿠스 아우렐리우스다. 『명상록』은 스토아 철학에 대한 마르쿠스의 생각을 담은 일기로서 여러 시대에 걸쳐 비슷한 리더십과 삶의 문제에 봉착한 많은 사람들에게 읽혀왔다.

스토아 철학이 현대인들에게 전하는 삶의 지혜

지금 당신이 읽고 있는 이 책은 주로 세네카, 에픽테토스, 마르쿠스 아우렐리우스 이 세 철학자의 생각과 글을 기반으로 쓰였다. 이 책은 그들의 가르침을 비롯해 그들의 사고방식과 삶의 방식을 오늘의 상황에 연결해줄 것이다. 또한 이 책은 스토아 철학을 다루고 있으며 스토아 철학을 오늘의 사상과 대중문화 속에 부활시킨 책들의 내용도 담고 있다. 라이언 홀리데이의 『돌파력』, 윌리엄 어빈의 『직언』, 로버트 그린과 피프티 센트의 『50번째 법칙』, 앤절라 더크워스의 끈기와 노력에 대한 연구를 다룬 『그릿』이 바로 그러한 책들에 포함된다.

이 책에는 스토아적 삶의 방식과 관련된 '내면', 좀 더 구체적인 사항들을 다루는 '마음', 이어서 더욱 깊이 있는 기준과 관련된 '정신' 부분이 담겨 있다. 하지만 스토아 철학의 이러한 기본 원리들을 알아가기 전에 일화 하나를 소개하고자 한다. 이 일화는 스토아 철학이 우리 삶에 얼마나 놀라운 변화를 일으키는지, '훌륭함'을 향한 어떤 로드맵을 내면, 마음, 그리고 정신에 제시하는지를 보여준다.

이 로드맵은 세심하게 만들어졌으나 오랜 세월 사람들에게 잊혔거나 비난받아왔다. 스토아 철학은 흔히 음울함과, 세속적 즐거움이나 사회성에 대한 무시와 결부되었는데 이는 정확한 이야기가 아니다. 사실 스토아 철학은 기쁨을 줄 뿐만 아니라 훌륭함이 무엇인지 알게 해주며 거기에 도달하기 위한 디딤돌을 놓을 수 있게 해준다. 상황이 가장 좋을 때도 최악일 때도 마찬가지다. 일상적인 일에도,

몹시 힘들고 괴롭고 비통한 일에도 해당된다.

미 해군장교 제임스 스톡데일도 이러한 경험을 했다. 현대의 스토아주의자인 그는 한때 미국 부통령 후보로 나서기 전 오랫동안 전쟁포로 신세였다. 그는 오랜 투옥 기간 동안 자신이 제정신으로 살아남은 것은 스토아 철학 덕분이라고 믿는다. 전체 글은 확실히 감동적이고 읽어볼 필요가 있지만 나는 다음의 한 단락 정도만 소개하고자 한다. 당신 안에 그저 불을 지피고 싶기 때문에, 그러니까 스톡데일이 스토아적 삶의 방식으로 발전시킨, 변함없는 탁월함에 대한 갈망을 지피고 싶기 때문이다.

두려움은 한밤의 어둠에서 흘러나와 우리를 에워싸는 어떤 것이 아니었다. 에픽테토스는 두려움을 시작하고 멈추고 통제할 모든 책임이 우리 자신에게 있다고 말했다. 이것은 스토아 철학에서 가장 크게 요구되는 부분이다. 스토아주의자들은 선과 악 이외의 모든 것에 무관심한 사람, 연민과 공감 같은 감정에 인색한 사람으로만 묘사될 때 게으르고 냉정한 인간처럼 비쳐질 수 있다. 하지만 모든 감정 하나하나에 완전한 책임을 져야 한다는 요구는 모든 것에 손을 놓지 못하는 사람이 되어야 한다고 말하는 것과 같다. 나는 매일 심문을 받기 위해 총이 겨누어진 상태에서 걸어갈 때 속으로 구호를 읊조렸다. '두려움을 통제하라, 죄책감을 통제하라,

두려움을 통제하라, 죄책감을 통제하라.' 심문을 받으면서 일시적으로 통제력을 잃을 때면 내 눈에서 어김없이 어른거리는 두려움과 죄책감을 덮기 위해 시선을 돌리는 방법을 고안했다. 심문관의 얼굴을 보지 않는다고 맹비난을 받을 수도 있었다. 그래서 나는 심문관의 왼쪽 귓불에 초점을 맞추었다. 그는 아마 내가 약간 사시라고 생각했는지 그것에 익숙해진 듯했다. 감정을 통제하는 일은 어렵지만 강한 힘을 발휘할 수 있다. 에픽테토스는 이렇게 말했다. "자신의 파멸도 구조도 모두 자신 안에 있다."[1]

물론 당신에게 이러한 힘과 통제력이 필요하다고 말하는 것은 아니다(당연히 당신이 포로가 되는 상황에 결코 놓이지 않기를 바라 마지않는다). 다만 스톡데일을 비롯한 수많은 사람들이 그렇게 효과적으로 활용했던 원리들이 우리의 일상에도 똑같이 적용되어야 한다고 말하는 것이다. 나는 이 길을 직접 밟으면서 여러 가지 유익한 점들을 직접 경험했다.

스토아 철학의 대가들이 남긴 말들, 현대세계의 삶과 대중문화에서 가져온 일화들, 그리고 나의 경험들이 이 책에 담겨 있다. 나는 당신이 이 책을 보면서 스토아 철학이 우리 삶에 제공할 수 있는 성공과 기쁨에 이르는 여정을 확신하고 열정적으로 말할 수 있으리라 생각한다.

차례

1부
스토아적 내면에 대하여

2부
스토아적 마음에 대하여

3부
스토아적 정신에 대하여

나의 아내 율리아에게.

"정복할 수 없는 것은 마음의 힘이다."

_세네카

스토아적
내면에 대하여

1장
통제할 수 있는 것과
통제할 수 없는 것을 분별하라

스토아 철학자들에 따르면 더 나은 인간이 되기 위해서는 무엇보다 자신이 통제할 수 있는 부분과 통제할 수 없는 부분에 대해 분별할 수 있는 능력을 키워야 한다. 에픽테토스는 이 원리를 다음과 같이 정의한다.

세상에는 우리의 힘으로 통제할 수 있는 것과 통제할 수 없는 것이 있다. 의견, 동기, 욕망, 혐오처럼 자신의 행동과 관계된 일은 통제가 가능하다. 그러나 신체, 재산, 명성, 사회적 지위처럼 자신의 행동과 관계없는 일은 통제가 불가능하다. 우리가 통제할 수 있는 것들은 본래 자유로우며 구속이나 방해의 대상이 아니다. 이와 달리, 통제할 수 없는 것들은 다른 사람들의 통제로 인해 쉽게 허물어질 수 있고 굴종적이며 구속을 받을 수 있다.[1]

　여기서 말하는 원리는 간단하고 이해하기도 쉽다. 하지만 남다른 태도를 요구하며 이는 곧 남다른 결과로 이어진다. 남다른 태도란 '하던 일을 멈추고 생각하는 것'이다. 그것은 합리적 선택을 내리고, 사회적 위계 혹은 도덕적 위계에 따라 변하는 생각이나 복잡한 법령에 따르는 것이 아니라 오직 하나의 원칙에 따를 것을 요구한다. 그 원칙은 바로 '나는 그 문제를 진실로 통제하는가'이다.

　이렇게 하려면 단순하지만 솔직하게 주어진 상황을 평가해야 한다. 자신이 그 상황에 개인적으로 영향을 미칠 수 있는지를 판단하기 위해서다. 만일 영향을 미칠 수 없다면 그 상황은 통제할 수 없는 영역이며 우려를 일으키는 원인이 되지 못한다(스토아적 사고에 따르면, 원인이 '될 수 없다'). 그렇지 않고 그 상황이 통제 가능하다면 우리는 통제할 수 없는 문제들을 제쳐둠으로써 오히려 그 상황에 초점을 더 맞출 수 있다. 그 결과 근면과 인내, 기민성 같은 기량들을 통해 놀라운 진전을 이룰 수 있다. 장애물을 마치 그것이 장애물이 아니었던 듯 극복하게 될 것이다. 이는 장애물이 아예 존재하지 않는 듯한 상황이 되는 것이 아니라 장애물이 성공의 필수 요소가 되는 상황이 된다는 의미다.

에픽테토스는 이어서 말한다.

이길 능력이 없는 어떤 시합에도 참가하지 않는다면 무적이 될 수
있다. 그러므로 유념할 것은 …… 자신이 힘쓸 수 없는 것은 무시
해야 한다는 점이다.[2]

이 과정은 성취 그리고 자기 개선과도 관련이 있다. 뒤에서 살펴
보겠지만, 이 과정은 노력과 생각, 의지력의 방향을 그러한 노력, 생
각, 의지력이 중요하게 작용할 문제들로 향하게 하는 데 도움이 된
다. 나아가 이 과정은 추가적으로 그리고 의도적으로 미덕, 성취감,
기쁨으로 이어진다(대부분의 사상체계에서 그러하듯 의도하지 않은 부산
물로 나타나는 것이 아니다). 또한 이 과정은 바로 지금 여기서 어떻게
최고의 인생을 살 것인가에 대한 규정으로도 이어진다. 이는 언젠가
지난 삶을 되돌아볼 때 인생을 잘못 살았노라고 어쩔 수 없이 인정
해야 하는 상황을 만들지 않기 위해서다.

오직 통제할 수 있는 것에 집중하라

스토아 철학의 신조, 결실, 그리고 사고방식을 발전시키기 위한

여러 방법과 기술들이 이 책의 상당 부분을 차지한다. 하지만 지금 우리는 통제 가능한 것과 통제 불가능한 것을 바탕으로 한 '합리적 의사 결정'의 원리를 제대로 이해할 필요가 있다.

철학교수인 윌리엄 어빈은 모든 것을 '우리가 통제할 수 있는 문제'와 '우리가 통제할 수 없는 문제'로 나누는 에픽테토스의 분류가 모호하다고 지적했다.[3] 흑백논리라는 말이다. 그것은 우리가 전혀 통제하지 못하는 것들이 있다는 의미일 수도 있고, 아니면 약간은 통제해도 완전히 통제하진 못하는 것들이 있다는 의미일 수도 있다. 혹은 이 두 가지 모두를 의미할 수도 있다. 이 경우에 대해 윌리엄 어빈은 세 가지 범주를 제안한다.

완전히 통제할 수 있는 문제
부분적으로 통제할 수 있는 문제
전혀 통제할 수 없는 문제

에픽테토스는 이 범주의 첫째와 셋째의 예를 제시한다. 그는 첫째 범주에 대해 우리가 의견, 동기, 욕망, 혐오를 통제할 수 있다고 언급한다. 셋째 범주에 대해서는 신체, 재산, 명성, 사회적 지위를 통제하지 못한다고 언급한다. 물론 이러한 예가 모든 것을 포함한 목록은 아니다. 중간 범주, 즉 우리가 부분적으로 통제할 수 있는 문제가 고려되어 있지 않다.

이 중간 범주의 한 가지 예로서 직업을 말할 수 있다. 우리는 직업을 선택하는 데 있어 어느 정도 통제가 가능하다. 가령, 의사나 변호사나 조종사가 되고 싶다면 적절한 과정을 밟을 수 있다. 필요한 성적을 받기 위해 열심히 공부하고 도움받을 수 있는 멘토들과 인맥을 형성하기도 한다.

심지어는 걸림돌이 될 수 있는 것들을 오히려 유리하게 활용하기도 한다. 로열브루나이항공의 여성 조종사 팀이 여성들의 자동차 운전조차 금지된 사우디아라비아에 도착했다(2018년 6월 사우디아라비아에서 여성의 운전이 허용되었다-역주). 당시 샤리파 차레나 기장은 이렇게 말했다. "여성이 기장을 한다는 것은 젊은 세대에게, 특히 젊은 여성들에게 무엇이든 꿈을 꾼다면 이룰 수 있다는 점을 제대로 보여주는 것입니다."[4] 이는 자신의 진로를 가로막는 장애물이 오히려 성공의 길에, 단순히 여객기 조종이 아닌 더 큰 성공의 길에 이르는 계단이 된 것을 보여주는 사례다.

조종사가 되는 것을 목표로 정했다면 이를 달성하기 위한 과정에서 다음과 같은 것들은 한 인간으로서 통제가 가능하다. 노력, 근면, 인맥과 정보망을 형성하기 위한 수고, 장애물을 극복하여 유리하게 활용하는 능력이 그렇다.

하지만 우리가 통제할 수 없는 것들도 있다. 스노보드 선수 에이미 퍼디의 사례가 이를 잘 보여준다. 에이미 퍼디는 세균성 수막염으로 두 다리를 잃은 뒤 우울증에 시달렸다. 그녀는 특정한 일들을 하는 데 제약을 받았다. 이러한 일들은 말 그대로 그녀의 통제력 밖에 있었다. 그녀는 걷지도, 춤을 추지도 못했고 대부분의 스포츠에 참여할 수도 없었다.

이러한 제약은, 아니 적어도 두 다리의 부재는 이른바 앞서 소개한 셋째 범주에 속한다. 이는 개인의 통제력을 벗어나는 영역이다. 자신이 하고 싶은 일을 하기 위해 다리를 다시 자라게 할 수는 없으니 말이다.

하지만 에이미 퍼디는 자신이 통제할 수 있는 일에 초점을 맞추었다. 의족을 이용하여(심지어 직접 만들어) 자신이 좋아하는 스포츠에 참여하고 탁월한 성과를 낸 것이다. 그녀는 스노보드에 적합한 의족을 찾지 못하자 직접 만들었고 결국 세계 챔피언 자리에 오른 여성 장애인 스노보드 선수가 되었다. 뒤이어 <댄싱 위드 더 스타>(ABC 방송국의 댄스 경연 프로그램-역주)에서 인기 스타가 되었다.[5] 에이미 퍼디는 자신의 통제력 밖에 있으며 좌절과 우울증을 야기했을 자신의 한계에 초점을 맞추는 대신 스스로 통제할 수 있는 일에 노력과 창의력을 쏟았다. 이는 엄청난 성공으로 이어졌다.

에픽테토스를 비롯한 스토아 철학자들은 우리가 통제할 수 있는 일에 초점을 맞추라고 말한다. 문제를 다른 각도로 생각할 수 있어야 한다. 자신이 영향을 끼칠 수 있는 일에 열정을 쏟아야 한다. 그래야 성공할 수 있는 위치로 올라서게 된다. 만일 규칙이나 한계가 무언가를 하는 데 방해 요소가 된다면 본인이 그러한 규칙을 바꾸는 사람이 될 생각을 해야 한다.

죽은 사람은 고통 받지 않는다

이렇게 할 때 자신이 통제하지 못하는 일에 힘들게 애쓰지 않게 되고, 여기에서 기쁨이 발생된다. 스토아 철학에서 이러한 기쁨은 '평정심'으로 불린다. (불교 교리처럼 들리지 않는가?)

평정심은 침묵이나 고립된 상태가 아니다. 평정심은 세상에 참여하는 상태다. 이는 자신의 통제력 안에 있는 문제들을 인지하고 거기에 매달리는 것이다. 그럼으로써 자신에게 닥친 문제를 대면하여 극복할 수 있음을 깨닫고, 자신에게 닥친 문제가 (설령 자신의 통제력 밖에 있더라도) 그리 중요하지 않음을 깨닫는다.

윌리엄 어빈은 스토아 철학에서 말하는 기쁨과 평정심에 도달하는 과정을 다음과 같이 말한다.

부정적인 감정을 덜 느끼게 될 것이라는 의미다. 이미 일어난 일에 집착하느라 낭비하는 시간이 줄고, 있는 그대로의 모습을 즐기는 데 더 많은 시간을 들이고 있다는 사실도 깨닫게 된다. 또한 이전에는 맛보지 못했던 평정심도 어느 정도 느끼게 된다. 스토아철학을 실천하고 살면서 아주 소소한 것에도 쉽게 기쁨을 느끼게 되었다는 사실에 깜짝 놀랄지도 모른다. 어느 날 갑자기 지금 자신의 모습에, 지금 살고 있는 삶에, 우리가 살게 된 이 우주에 기쁨을 느끼게 될 것이다.[6]

이러한 접근법을 모든 병에 대한 만병통치약으로 보기 전에, 자신의 통제력을 벗어나는 것 가운데 일부는 적어도 쾌락주의적 관점에서 볼 때 별로 좋은 것이 아니라는 점을 언급할 필요가 있다. 이에 대해 스토아 철학은 조금은 냉정한 논리를 적용한다. 우리가 스토아철학의 사고방식에 존재하는 많은 이점을 추구하기로 결정했다고 해도 그것의 논리를 온전히 흡수하는 데는 시간이 걸릴 것이다. 하지만 결과적으로 이 문제 역시 앞선 세 가지 범주라는 합리적 틀에서 생각해볼 수 있다.

예를 들어, 만일 어떤 사람이 기근이나 심각한 가뭄에 시달리는 시대에 살고 있다면 음식이나 물을 구하기란 실제로 불가능할 것이다. 난파당해 무인도에 있다고 해보자. 먹을 것도 없거니와 깨끗한 물도 없다. 이때 당신은 금방이라도 닥칠 듯한 죽음에 직면해 있다

(기근에 시달리는 수많은 사람들은 실제로 섬이라는 환경에 놓여 있지는 않더라도 이러한 곤경에 처해 있는 셈이다). 그 사람을 구조해줄 근면, 민첩성, 인내, 독창성을 발휘할 여지가 없다. 개인의 통제력 밖에 있는 행운이나 신의 섭리만이 도움이 될 수 있을 터다. 하지만 결국 사망에 이를 가능성이 높다. 이는 씁쓸한 일임에는 분명하나 어쨌든 비논리적인 결론은 아니다.

세네카를 비롯한 여러 스토아 철학자들이 말했듯이 우리가 유일하게 의지해야 할 것은 냉철하지만 이성적이고 솔직한 시각으로 상황을 보는 것이다.

어떤 악도 죽은 사람을 괴롭히지 않음을 생각하라. 저승은 무서운 곳이라는 말은 그저 사람들이 하는 이야기일 뿐이라고 생각해야 한다. 어떤 어둠의 힘도 망자를 위협하지 않으며, 저승에 감옥이나 불로 이글거리는 강, 망각의 강이나 심판하는 의자, 죗값을 치르는 죄인이나 족쇄 없는 자유 속에서 다시 군림하는 폭군 같은 것은 존재하지 않는다고 생각하라. 이는 우리에게 근거 없는 두려움으로 고통을 안겨주는 시인들의 상상력일 뿐이니. 죽음은 모든 고통에서 해방되는 것으로 우리의 고통은 그 경계선 너머로 가지 못한다. 죽음은 우리가 태어나기 전 누워 있던 평온한 상태로 우리를 되돌려준다. 만일 누군가가 죽은 사람들을 불쌍히 여긴다면 그는 태어나지 않은 사람들도 불쌍히 여겨야 한다. 죽음은 선도 악도 아니다. 실재하는 것만이 선이나 악으로 분류될 수 있다. 하지만 죽음 그 자체는 비실재로, 모든 것을 무(無)로 바꾸며 우리를 운명의 어떤 범주에도 속하지 않게 만든다.[7]

이는 스토아 철학이 개인의 통제력을 벗어난다고 여겨지는 '모든 문제'에 취하는 접근 방식을 보여준다. 실제로 그런 일들에는 어떤 괴로움도 수반되지 않는다. 설령 괴로움이 수반된다 하더라도 이는 현실 그 자체가 아닌 우리의 마음에서 파급된 괴로움이다. 우리가 각각의 문제에 대해 괴로워하거나 괴로워하지 않기로 선택하는 것이다. 그러므로 우리의 통제력 수준과 그에 따른 우리의 선택이 우리의 고통을 좌우한다. 우리는 상황을 온전히 통제할 수도 있고 통제하지 못할 수도 있다. 상황을 통제하지 못할 때는 상황을 일부분만 통제할 수 있는 경우일지도 모른다. 그렇다면 반드시 우리의 재능과 노력을 그러한 일부분에 기울여야 한다. 우리가 통제할 수 있는 부분에 전념할 때 최선을 다하게 되며 괴로워할 까닭도 없다. 설령 (혹은 특히) 그 상황이 죽음이더라도 자신이 상황을 통제하지 못한다고 해서 걱정할 필요는 없다. 그렇게 걱정해봤자 아무 소용도 없다. 이는 합리적인 결론이다.

　다음은 불교에서 전해 내려오는 이야기로서 통제력이라는 문제를 어떻게 이해할지에 대해 설명해준다.[8] 히말라야의 한 수도승이 그의 특별한 지식과 재능으로 유명해졌다. 그는 이따금 마을로 내려가 자신의 재능을 선보였다. 그 재능 가운데 하나는 마을 사람들의 주머니, 금고, 심지어 생각의 내용물을 묘사하는 것이었다.

　어느 날 한 소년이 승려에게 장난을 쳐서 친구들에게 그가 사기꾼임을 증명해보이기로 작심했다. 소년은 작은 새 한 마리를 잡아 손 안에 감추기로 했다. 물론 소년은 승려가 그것이 새라는 점을 알 거라고 확신했다.

　그래서 이런 질문을 하기로 마음먹었다. 이 새는 죽었을까요, 살았을까요? 소년은 만일 새가 살았다는 대답을 듣는다면 새를 손으로 으스러뜨릴 작정이었다. 반대로 새가 죽었다는 대답을 듣는다면 손을 펴 보이며 새를 날려 보낼 참이었다. 승려가 무슨 말을 하든지 소년은 그 말에 반하는 선택을 하여 승려가 사기꾼임을 증명할 생각이었다.

　승려가 산에서 내려와 그 마을로 갔을 때 소년은 그에게 다가가 말했다. "스님, 스님, 제 손에 뭐가 있게요?"

　"새 한 마리를 가지고 있구나." 그의 말이 맞았다.

그러자 소년이 물었다. "이 새는 살았을까요, 죽었을까요?"

현명한 노승은 잠시 생각했다가 말했다. "그건 네가 하는 선택에 따라 달라지지."

우리는 어떤 일들에 대해선 선택권이 있다. 반면, 어떤 일들에 대해선 부분적인 선택권만 있거나 선택권이 전혀 없다. 이러한 범주들을 구분할 때 합리적인 사고를 하는가는 바로 자신에게 달려 있다. 우리의 평정심과 기쁨뿐만 아니라 성공은 대체로 우리가 이렇게 하는 능력에 좌우된다.

라이언 홀리데이는 우리의 통제력 내에 있는 것과 밖에 있는 것들에 대한 좀 더 포괄적인 목록을 제시한다.

우리에게 달린 것은 무엇인가?

감정

판단

창의성

태도

관점

욕망

결정

결단

날씨, 경제, 상황, 타인의 감정이나 판단, 추세, 재난, 기타 등등
…… 우리가 아무런 영향력도 행사할 수 없는 일에 쏟아 부은 에
너지는 고스란히 낭비될 뿐이다. 이렇게 해서 허비되는 본인과 주
변 사람들의 에너지가 얼마나 많은지 모른다.[9]

자신이 통제할 수 있는 것과 통제할 수 없는 것을 인지하는 연습
은 스토아 철학의 다른 기술들과 이점들을 더 깊이 이해하는 데에
도 도움이 된다. 이는 앞서 홀리데이가 말했던 내용으로 귀결된다.
우리가 어떤 문제에 완전한 영향력을 끼칠 수 있는지 부분적인 영
향력을 끼칠 수 있는지 정확하게 판단하지 못했다고 해보자. 그렇다
면 그 문제에 쏟은 기민성, 근면, 인내, 독창성, 멘토십, 과거와 미래
와 사회적 즐거움에 대한 인식 같은 스토아 철학의 기술은 성공을
거두는 확률만큼이나 낭비될 가능성이 크다. 이 모든 것이 그 자체
로 좋은 측면이긴 하나, 영향력을 끼칠 수 있는 문제에 집중할 때 우
리는 엄청난 힘을 발휘할 수 있다. 이 모든 것은 가상의 천재가 아닌
바로 당신, 당신과 나와 이웃(만일 스토아 철학의 삶의 방식을 따르는 사
람이라면) 안에서 성공, 성취, 기쁨을 만들기 위해 함께 작용한다.

이러한 원리는 단순히 어떤 프로젝트나 계획의 초기 단계뿐만 아
니라 더 높은 수준의 성취에도 적용된다. 기업인 데이비드 댈러샌드
로는 이렇게 설명한다. "지위가 올라가면 전혀 지식이 없는 분야에

서 전문가들을 통솔해야 하는 상황에 처하게 된다. 시각장애인이 정상인을 이끄는 셈이다. 지나치게 자기중심적이거나 미성숙하거나 매우 어리석은 사람이 아니라면, 자신의 이런 역할에 위기감을 느낄 것이다."[10]

자신이 무엇을 통제할 수 있는지 아는 것은 합리성과 자기인식력을 키우는 일이다. 자신이 모든 것을 통제하지 못하는(모든 것을 통제할 수 없는) 환경에서, 본인이 전문가는 아니지만 그러한 전문가들을 활용하고 관리해야 하는 환경에서 일하는 능력, 바로 이러한 능력이 고위 경영자에게 필요한 부분이다.

위기 또는 기회를 제대로 활용하는 방법이나, 상황과 사건에 대한 자신의 통제력을 인지하고 판단하는 능력을 키우지 못하면 시간을 낭비하고 다른 사람들을 제대로 이끌지 못한다. 또한 창의력과 기민성에 이르는 문이 닫힌다. 반면 이러한 능력을 제대로 갖추고 있다면 그동안 벽만 존재하던 곳에 새로운 문이 열리며, 열심히 일할 때에도 평정심을 유지할 수 있다. 이는 다른 사람들의 운명, 의지, 기분에 좌우되지 않는 평정심이다.

2장

자기 수련

나는 뉴저지 출신이다. 좋든 싫든 우리 뉴저지 사람들을 유명하게 만드는 한 가지가 있다. 바로 노상路上 분노다. 나도 예외는 아니다.

한번은 운전을 하는데 차 한 대가 내 차 앞으로 갑자기 끼어들었다. 나는 너무 화가 나서 다음 신호등에서 그 차 옆에 차를 세웠다. 그러니까 내 차가 왼쪽 차선에 그 차가 오른쪽 차선에 있었다. 옆 차는 직진을 하던 터였다. 나는 신호등이 바뀌자마자 잽싸게 앞으로 나아가 그 차 앞쪽으로 차선을 옮겼다. 그리고 옆 차 운전자가 급브레이크를 밟는 사이 나는 그 앞으로 획 나아가며 복수를 했다.

나는 내가 그 운전자에게 어떤 교훈을 주었다고 생각했지만, 아니었다. 뉴저지 정신에 충실하게도 나의 행동은 상대방의 노상 분노에 불을 붙이는 결과만 낳았다. 마치 우리 두 사람이 서로를 죽음의 소용돌이에 몰아넣고 아무도 거기서 빠져나오지 못하는 것 같았다. 그는 시내까지 나를 따라와 내게 소리를 지르고 내 차를 바짝 뒤쫓으면서 광적인 행동을 했다. 진짜 사이코패스에게 걸려들었다는 걱정이 슬금슬금 밀려들었다. 결국 그를 속일 수밖에 없었다. 나는 그가 볼 수 없는 거리로 방향을 돌려 길을 되돌아갔고 그렇게 그와 멀어졌다. 휴ㅡ.

이후 나는 자성했고 내가 하는 대부분의 일에서 스토아적 사고방식을 실천하려고 노력했다. 우선 운전을 하면서 분노를 절대 허용하지 않았다. 나는 어떻게 그러한 변화를 이루었을까? 나는 뉴저지 특유의 운전습관이라는, 나의 본성과 자라온 환경에 내재된 특성으로부터 어떻게 벗어날 수 있었을까?

통제할 수 있는 행동을 자기 수련하라

다름 아닌 '자기 수련'이다. 그 운전자는 내 앞으로 끼어들어야겠다는 결심을 했고, 그의 결심에 대해서 내가 통제력을 발휘할 수는 없었다. 내가 할 수 있는 일이나 걱정해야 할 일은 전혀 없었다. 하지만 나는 그와 똑같은 행동으로 '반응'하기로 결심했다. 그 광적인 운전자가 애초에 했던 행동은 비록 짜증나긴 했지만 실제로 내게 어떤 영향을 끼치진 않았다. 하지만 이에 대한 대응으로 내가 내린 결정은(내가 온전히 통제할 수 있었던 부분은) 확실히 내게 영향을 끼쳤으며, 만일 내가 그에게서 벗어나 그의 보복을 피하지 못했더라면 내게 훨씬 심각한 영향을 끼쳤으리라.

이 일화는 스토아적 자기 수련이 중요한 이유 한 가지를 보여주지만 사실상 자기 수련에는 여러 유익한 점들이 있다. 윌리엄 어빈은 이를 다음과 같이 요약한다.

> 자기 수련을 하는 사람들은 자신의 인생에서 해야 할 일을 스스로 결정할 수 있는 능력이 있다. 자기 수련이 부족한 사람들은 그저 남들의 삶을 따라가며 결국 참된 자신의 인생을 누리지 못하는 어리석은 과오를 범한다.[1]

이 문장은 자신의 통제력 내에 있는 것과 없는 것을 분별하는 능력(1장의 주제이기도 하다)에 대해 말하고 있기도 하다. 즉 우리가 통제할 수 있는 영역에서 자기 수련이 되어 있어야 한다는 내용을 담고 있다. 가령, 다른 사람의 잘못된 결정에 대해 반응하지 않기로 선택하는 것이다. 우리는 스스로 통제할 수 있는 영역을 인지한 후 그

영역에서 자신의 통제 가능한 행동에 대해 '자기 수련을 해야 한다.'

우리는 앞서 에픽테토스의 분류에서 세 번째 범주에 속하는 일들에 대해선 자신을 수련할 수 없다. '죽지 않기 위해서' 자신을 수련하는 것은 비합리적이지 않은가. 하늘을 날 만큼 팔을 빨리 퍼덕거리도록 자신을 수련하는 것도 비합리적이다.

이를 포함한 많은 것들이 우리의 통제력을 벗어나는 영역이다. 하지만 통제할 수 없는 상황들의 일부분은 우리가 통제할 수 있다. 위기, 침울함, 절망이 찾아왔을 때나 심지어 승리와 기쁨의 순간에 어떻게 반응하는가가 여기에 해당된다. 자신이 통제할 수 있는 부분을 인지하고, 자신이 할 수 있는 것을 통제하기, 이 두 가지가 합쳐지면 자기 수련이 이루어진다.

그렇다면 어떻게 자기 수련을 발전시킬 수 있을까? 스토아 철학자들은 실용적일 뿐만 아니라 오늘날 점점 더 과학계의 지지를 받고 있는 몇 가지 흥미로운 기술을 제안한다. 나는 자기 수련과 관련한 스토아 철학의 모든 기술을 다루지 않고 이른바 '빅 파이브Big Five'에 초점을 맞추려고 한다.

1. 부정적 시각화

2. 자기 성찰

3. 빈곤 실천

4. 긍정적 행동

5. 자기 용서

각 항목을 간단히 살펴보자.

자기 수련의 5가지 방법

자기 수련을 통해 난관을 견디거나 헤쳐 나가는 한 가지 방법은 '발생 가능한 최악의 결과를 상상해보는 것'이다. 면밀히 들여다보면 발생 가능한 최악의 상황이 실제로는 그렇게 비참하지 않은 경우가 많다.

앞서 노상 분노 일화를 생각해보자. 처음에 그 사람이 내 앞에 끼어들었을 때 내가 자존심을 누르고 반응하지 않기로 했다면 여기서 발생되었을 최악의 상황은 무엇이었을까? 그는 이미 나를 지나쳐 가버렸을 것이다. 당연히 나는 위험에 처하지 않는다. 그러나 나는 거기에 반응을 함으로써 상황을 악화시켰다.

우리가 어떤 상황에 대입하는 불안이나 두려움을 면밀히 들여다보면 흔히 과장되거나 사실이 아닌 것으로 일축되는 경우가 많다. 당시 나는 누군가 내 앞을 끼어들도록 내버려둔다면 체면을 잃는 것이라고 생각했을지 모른다. 그 얼간이에게 교훈을 일깨워주지 않는다면 그가 어느 순간 사고를 일으킬지 모른다고 우려했을지도 모른다. 솔직히 말하면 나는 내가 반응하는 그 순간에 무슨 생각을 했는지 정확히 모른다. 그러한 반응을 한 정확한 근거를 알지 못한다. 하지만 만일 내가 다른 생각을 잠시 멈추고 그가 내 앞에 끼어듦으로써 발생 가능한 최악의 상황을 상상했다면 이후의 상황은 없을 거라는 점을 깨달았을 것이다.

자기 수련을 위한 스토아 철학의 또 다른 기술은 '자기 성찰'이다. 자기 성찰은 부정적 시각화에 비해 어떤 상황의 영향보다는 범위나 규모에 더 적용된다. 마르쿠스 아우렐리우스는 이렇게 썼다. "대상에 따라 주의를 기울이는 일의 가치가 달라진다. 사소한 일에는 그에 적절한 정도 이상의 시간을 쏟지 않는 것이 바람직하다."[2]

오늘날 이러한 조언은 정곡을 찌른다. 어떤 일의 중요성은 다른 일에 비해 약하다. 어떤 활동이 다른 활동에 비해 어떤 이점이 있는지 잠시라도 생각해본다면 삶의 어수선한 측면이 줄어들고, 시간 여유가 생기며, 자기 성찰이 훨씬 수월해진다. 지금 이 순간 하던 일을 멈추고 성찰의 시간을 보내지 않으면 삶의 하찮은 일들이 쌓이게 되어 더 크고 중요한 일들을 갈수록 대충 다루기 쉽다.

베스트셀러 작가 팀 페리스의 조언의 상당 부분은 스토아 철학에 근거한다. 그는 자기 수련을 발전시키기 위한 스토아 철학의 셋째 기술, 즉 '빈곤 실천'을 대중화하기 위해 많은 노력을 기울였다. 페리스는 주기적으로 부정적 시각화를 해야 하며, 나아가 최악의 시나리오에서 어떤 상황들은 직접 경험해봐야 한다고 보았다. 가령, 일주일 동안 멋진 옷, 맛있는 음식 없이 지내기나 50달러로 살기를 실행하는 것이다. 이때 우리는 결핍에서 오는 두려움을 잊고, 자신이 소유한 것에 고마움을 느끼며, 사치품이 생존이나 심지어 삶을 즐기는 데 필요한 요소가 아님을 깨닫고, 돈도 모으게 된다![3]

더욱이 세네카는 이렇게 경고한다. "우리가 강렬한 쾌락을 사로잡는 순간 도리어 그 쾌락이 우리를 사로잡는 포획자로 돌변한다. 결국 쾌락을 더 많이 추구할수록 우리가 섬겨야 할 주인은 더 많아지게 된다." 우리는 주기적으로 쾌락을 멀리함으로써 실제로 쾌락을 느낄 때 더욱 즐겁고 감사하는 마음을 가질 수 있다. 뿐만 아니라 그러한 쾌락을 잃는 것에 대한 두려움과 그러한 쾌락이 자신의 의사 결정에 미치는 영향력을 줄일 수 있다.

긍정적 행동이 긍정적 인생을 만든다

넷째 기술인 '긍정적 행동'은 점점 과학적으로 그 효과가 뒷받침되고 있다. 한 연구에서 2만 6,000명이 넘는 사람들을 대상으로 다른 과제를 주고 다른 상황에 놓이게 했다. 행복이 얼마나 증진되었는가를 알아보기 위해서였다. 보고서에 따르면, 상황이 안 좋을 때 그저 미소를 지으라는 지시를 받았던 사람들은 다른 방식을 썼던 사람들보다 더 높은 점수를 기록했다.[5]

세네카는 "모든 분노의 암시를 그와 반대되는 암시로 바꿔라"라고 말했다.[6] 이러한 암시는 그저 억지로 미소 짓기를 말하지 않는다. 구부정한 자세로 걷지 않고 쾌활하게 걷는다. 목소리를 더 밝게 내고 머리를 똑바로 세운다. 사람들과 눈을 마주친다. 이 모든 것이 함께 작용하여 긍정성을 만들어낸다. 그러면 상상의 긍정성이 아닌 진정한 긍정성이 만들어지며 다른 사람들의 긍정적인 반응도 이끌어낸다. 억지로라도 긍정적인 표현과 자세를 취하면 이는 신체와 마음에도 영향을 주어 기쁨을 경험할 수 있다. 이러한 과정은 자기 수련을 향한 한 걸음이다. 화를 억누르고 대신 행복한 표정과 행동을 보이기란 때로는 난감하다. 하지만 이렇게 하다 보면 결국 은유적인 장밋빛 시각이 아닌 진짜 장밋빛 시각으로 만물을 볼 수 있다.

만일 내가 내 앞으로 휙 끼어들었던 운전자에게 복수를 계획하는 대신 유쾌하게 손을 흔들며 미소를 지었더라면 어떤 일이 벌어졌을까? (음, 내가 그렇게 했다면 나의 친구들은 내 뉴저지 주 운전면허를 취소해버렸을 테지만 그 남자는 자신의 행동을 반성하고 다음번엔 그런 얼간이처럼 굴지 않았으리라!)

자기 수련을 위한 다섯 가지 기술 가운데 마지막은 정말 중요하다. 바로 '자기 용서'다. 스토아 철학자들은 스토아적으로 산다는 것이 일종의 '과정'이라고 본다. 아무리 의도가 좋다 해도 예전 습관으로 돌아가기 쉽다. 하지만 중요한 점은 계속 시도하는 것이다. 스토아 철학자들은 우리가 계속 시도를 하면 점점 더 많은 자기 수련을 하게 되며 그럴 때마다 예전에 하기 힘들게 보이던 일들도 점차 수월해진다는 사실을 알았다. 이러한 점은 과학적으로도 증명되었다. 스탠퍼드 대학교의 심리학자 켈리 맥고니걸은 이렇게 말한다.

> 여러 연구에 따르면, 자기비판을 하면 동기부여가 약해지고 자기 절제력이 부족해진다. 그뿐 아니라 우울증의 가장 뚜렷한 전조 중 하나이기도 해서 '긍정 의지력'과 '부정 의지력'을 모두 고갈시켜 버린다. 이와 대조적으로 자기연민은 특히 스트레스와 실패에 직면했을 때 자신을 우호적이고 친절하게 대하는 감정으로 동기부여를 강화하고 자제력을 길러준다.[7]

이러한 측면들은 오늘날 스토아 철학의 본보기를 가장 잘 보여준 넬슨 만델라와도 관련이 있다. 그는 감옥생활을 하면서 엄청난 변화를 겪었다. 처음에 그는 그의 친한 친구이자 법률고문인 올리버 탐보가 표현한 대로 "열정적이고 감정적이고 예민하며 모욕과 생색내기를 통한 비꼼과 앙갚음에 쉽게 분개하는 사람이었다."[8] 하지만 27년이 지나고 그는 안정되고 신중한 정치인으로 세상에 나타났다. 그 이유를 보자면 "감옥에는 자신이 통제할 수 있는 것이 거의 없었기 때문이다. 그곳에서 스스로 통제할 수 있는(통제해야만 하는) 한 가지는 오직 자기 자신이었다. 그곳에선 감정을 폭발시키거나 방종하거나 자기 수련이 느슨해질 여지가 없었다."[9]

만델라의 전기작가에 따르면, 만델라에게 감옥생활은 자기 수련을 발전시킬 기회였다. 만델라는 어떤 식으로 그렇게 했을까? 그 여정에서 그가 떠올린 방법은 무엇이었을까? 이는 앞서 언급한 스토아 철학의 기술들과 아주 유사하다.

첫째, 감옥이란 강제적으로 가난을 연습할 수 있는 곳이다. 그곳에선 모든 것을 빼앗긴다. 책 한두 권 정도의 몇 가지 소지품 외에는 물건을 소유하지 못한다. 이러한 물건의 부재는 남아 있는 몇 가지 것에 집중하는 데 도움이 된다. 리처드 스텐걸은 이렇게 말한다. "매일 밤 만델라는 그 작은 공간에서 자신에게 허용된 몇 가지 소유물을 공들여 정리했다."[10] 이렇듯 소유물이 적었기에 만델라에게는 불필요한 물건이 없었고 스스로를 단련하는 데 집중할 수 있었다. 이러한 과정은 그가 매일 밤 몇 안 되는 소유물에 의식을 행하는 방식에서 드러난다.

마찬가지로, 자기 용서라는 측면에서 만델라가 한 것과 같은 행동과 생각이 제임스 스톡데일이 베트남에서 포로로 잡혀 있었다고 말한 여러 곳에서도 고스란히 드러난다.

> 그러한 경험(고문)을 하고 온 미국인이라면 옆방 수감자가 나지막한 목소리로 맨 처음 말을 걸어올 때 으레 이렇게 반응하기 마련이었다. '나랑 말하기 싫을 텐데. 난 반역자니까.' 우리는 모두 나약했기에 흔히 이런 식으로 대답했다. "이봐, 잘 들어. 여기에 오점 없는 사람은 아무도 없어. 내가 한 말 잘 들으라고. 그런 생각에서 벗어나. 여기선 우리 모두 다 같아."[11]

"감옥에서 다른 많은 이들은 무너졌지만, 만델라는 오히려 단련되었다. 그는 타인과 더욱 공감할 수 있는 사람이 되었고, 감당할 수 없는 사람에게는 짐을 지우지 않았다. 또한 굴복하는 사람들을 결코 비난하지 않았다. 그저 한낱 인간에 불과하기 때문이다. 만델라는 수십 년 동안 인간의 연약함에 대해 연구했고 깊은 동정을 느꼈다. 어떤 면에서 그는 전 인류의 권리를 위해 싸우고 있었다. 누구도 자신이 당했던 대로 취급받지 않기를 원했던 것이다."[12]

여기서 볼 수 있듯 자기 용서에 대한 경험은 자기 수련을 발전시킨 결과이자 원인으로 작용했다.

감옥에서 스토아적 삶을 배우다

만델라는 감옥에 있는 동안 긍정적인 모습을 보이려고 매우 노력했다. 그는 감옥에서 "동료들이 자신을 어떻게 인식하는지, 어떻게 용기 있는 표정을 지어야 하는지 깊이 생각했다. 자신의 편을 실망시킬 수 없었기 때문이다. 만일 그가 포기하거나 타협한다면 모든 이가 곧바로 이를 알아보았을 터다."[13]

만델라는 제멋대로 감정을 표출하는 대신 사람들에게 비치는 자신의 모습을 조절해야 했다. 자세, 표정, 목소리 톤, 단어 선택, 이 모든 것들을 통해 동료들은 그를 인식했다.

만델라가 자기 수련을 위한 방법으로 부정적 시각화를 활용했다는 점이 기록으로 명백하게 남아 있진 않다. 하지만 분명 그는 자기 자신과 필생의 업적에 가장 중요한 변화를 주는 데 이를 활용했을 것이다. 감옥에 갈 당시 그는 저항단체 ANC(아프리카 민족회의)의 지도자였다. 그가 남긴 유명한 말은(감옥에 있는 동안 ANC의 전투적 태세를 고수하는 그의 무리를 지지하기 위해 종종 했던 말이다) 다음과 같다. "오직 자유인만 협상할 수 있다. 재소자는 협상이란 것을 하지 못한다."[14] 하지만 결국 만델라는 자신의 입장을 바꾸었다. 협상을 하기로 결심한 것이다(ANC의 다른 강경파 지도자들은 이를 크게 비판했다).

그가 이렇게 한 이유는 협상에서 발생 가능한 최악의 상황은 현실에서 발생할 수 있는 최악의 상황보다 심각하지 않음을 깨달았기 때문이다. 여기서 현실에서 발생할 수 있는 최악의 상황이란 남아프리카 공화국에서 흑인과 백인 사이의 내전에서 점차 발생되고 있던 최악의 상황을 말한다. 만델라는 분명 입장을 바꿀 때 부정적 시각화를 활용했을 것이고, 이는 훌륭한 결과로 이어졌다.[15]

우리는 넬슨 만델라가 될 수도 없고 27년 동안 감옥에서 혹독한 시련을 겪지도 않겠지만, 살아가면서 자기 수련을 하는 데 있어 그와 같은 기술을 사용할 수 있다. 자기 수련에 있어 자신을 단련하는 '훈련'을 확고히 하는 것이 목표라는 점을 기억해야 한다. 또한, 여느 기술과 마찬가지로 그러한 습관에는 시간과 노력, 실패와 향상을 모두 허용하는 마음이 필요하다는 점도 기억해야 한다. 라이언 홀리데이는 자기 수련으로 이끄는 이러한 과정을(숙고와 반응이 모두 포함된 과정이다) 다음과 같이 요약한다.

우리는 잠재의식 속에서 끊임없이 이런 질문을 스스로 던져봐야 한다.
"내가 이런 일로 꼭 좌절할 필요가 있나?"
이 질문의 답은 어떠해야 할까? 우주비행사가, 군인들이, 의사들이, 그 밖의 여러 직업에 종사하는 사람들이 그러하듯 우리도 이렇게 대답할 수 있어야 한다.

"아니, 나는 이런 상황에 대비한 훈련을 했고 나를 통제할 수 있어." 이런 대답은 어떨까? "아니, 나는 여전히 이성을 유지하고 있고 좌절해봐야 하나도 도움이 되지 않는다는 걸 잘 알아."**16**

설령 실수를 하고 화가 난다 해도 괜찮다. 스톡데일과 그의 동료 포로들처럼 자신을 용서하면 된다. 이것을 하나의 여정으로 인식해야 한다. 더 나은 행동을 하고 중요한 것에 초점을 맞추며 상대적으로 더 중요한 부분을 숙고해야 한다. 문제의 본질로 좁혀 들어가 그것에 집중해야 만델라의 감옥 같은 배움의 환경을 만들게 된다. 그러한 지점에서 성장하며, 감사의 마음으로 행동할 수 있다. 자기 수련을 통해 자기 확신의 기술을 키우고, 스스로 통제 가능한 일과 불가능한 일을 이해하는 데 합리적인 생각을 적용한다면 삶에서 큰 변화를 이루는 여정에 올라설 것이다.

3장

평정심, 덕을 갖춘 삶

만일 당신이 영혼을 잃는 중이고 이 사실을 알고 있다면 여전히
잃을 영혼이 남아 있는 것이다.

_찰스 부코스키

대부분의 종교나 교리는 어떻게 행동해야 하는가에 대한 지침을
제시한다. 이와 달리 스토아 철학은 바로 지금 여기서 더 나은 인생
을 살기 위한 실용적인 조언을 제시한다. 스토아 철학에서 말하는
'미덕'은 사후세계에서 보상을 얻기 위한 것이 아니라 지금의 삶에
서 보답 받는 것을 기초로 한다. 스토아 철학에 따르면, 부코스키의
인용문에서처럼 우리는 모두 이 시대에 자기 '영혼'의 일부를 잃고

있지만 이에 대한 방안으로 내세나 사후세계를 기대할 필요는 없다. 우리는 지금 사물을 통제하고 있다. 우리는 좋은 삶을 꾸려나갈 수 있다. 스토아 철학은 지금 이 삶에서의 구원과 보상을 제시한다.

스토아 철학의 미덕은 많이 있다. 그 가운데 중요하게 언급되는 것이 지혜, 정의, 용기, 절제이지만 이보다 더 많이 언급되는 것이 있다. 바람직한 삶의 과정의 일부분이자 보상의 일부분으로 그것은 바로 '평정심'이다.

항상 누군가 나를 보고 있다고 생각하면

개인적인 일화를 통해 내가 삶에서 어떻게 평정심을 찾았는지(어렵게 찾았지만!)에 대해 말하려고 한다.

예전에 여자친구와(현재는 내 아내다) 영화관에 간 적이 있다. 당시 나는 대학을 졸업하고 곧바로 직장을 구해 인생에서 처음으로 돈을 꽤 벌고 있었다. 고급 영화관이 막 유행하던 시기였다. 지금이야 안락한 의자, 식사를 마련해주는 웨이터, 알코올음료 등 모든 것이 갖추어진 영화관이 흔하지만 말이다. 나는 여자친구에게 감동을 줄 생각이었다.

그때는 고급 영화관이 막 생겨나기 시작한 때여서 시험적으로 운

영되고 있었다. 우리가 보려고 했던 영화는 매진이 될 정도로 인기가 높았다. 표는 샀는데 예약석이 아니었다. 나는 그런 곳에 있는 모든 좌석은 예약이 될 거라고 생각했다. 데이트를 잔뜩 기대하고 갔는데 그렇게 근사하고 편안한 의자에 나란히 앉지 못한다면……. 좌석 배치 과정에 문제가 있었는데 내가 딱 그 경우에 걸려들었다.

앞서 말했듯 그 사건은 나의 스토아 철학 여정에서 중요한 시점이었다. 평정심에 대한 중요한 교훈을 깨닫는 계기가 되었다. 화가 치민 것은 불 보듯 뻔한 일이다. 노상 분노 정도는 아니었지만 어쨌든 단단히 화가 났다. 난리를 칠까 하는 생각이 문득 들었다. 문제를 해결하기 위해 적당히 성질을 부릴까 하는 생각이 든 거였다.

하지만 나는 자제했고 그렇게 한 것은 다행이었다. 잠시 후 앞 줄에서 우리 회사의 사장과 그의 아내를 본 것이다. 만일 내가 웨이터나 영화관 직원에게 소리를 질렀다면 사장 앞에서 정말 형편없는 사람으로 보였으리라. 결국 그러한 상황은 발생되지 않았고 사장은 몸을 돌려 내게 반갑게 인사하고 자신의 아내를 소개하더니 이렇게 말했다. "자네를 이렇게 만나니 반갑네."

그 후 우리는 그날의 일을 농담처럼 여러 번 이야기했다. 나는 그 상황에서 내가 보인 성숙함과 평정심이 나의 여자친구에게도 깊은 인상을 남겼다고 생각한다. 적어도 그녀가 그날의 데이트에 대해 나를 비난하지 않았으니 말이다!

어쨌든 나는 노여움을 참았다. 상황 때문에 어리석은 결정을 할 정도로 평정심을 잃지 않았다. 나는 깨달았다. 항상 누군가 나를 보고 있다고 생각하며 행동해야 한다는 점을. 영화관에서 그랬듯 당신의 현재 사장이나 미래의 사장 혹은 미래에 아내 될 사람이 당신을 판단하고 단정 지을지도 모를 일이기 때문이다.

평정심을 우리의 삶과 행동에 주입하는 과정이 존재한다. 그것은 곧 미덕을 향한 길이자 여정으로 갑자기 발생되지 않는다. 우선, 1장에서 논의되었듯 자신이 통제할 수 있는 부분과 통제할 수 없는 부분을 파악하는 능력을 키워야 한다. 이어서 자신이 통제할 수 있는 부분에 대한 결정을 내리기 위해 자기 수련에 힘쓴다. 이렇게 한 이후에, 혹은 할 수 있다면 이와 동시에 마음의 평정을 기른다. 어떤 상황에서든 감정에 휘둘리지 않고 신속하게 생각하기 위한 정신적 공간과 명료성, 침착성을 갖추기 위해서다.

평정심을 기르려면

평정심을 기르기 위한 단계로서 다음의 방법을 제안한다.

1. 평정심이 흔들릴 때가 언제인지 인지하려고 노력한다.

2. 누군가 자신을 보고 있다고 생각하며 행동하는 연습을 한다. 마치 자신의 행동에 대한 책임을 물을 인물이 있다고 생각하는 것이다.

3. 이렇게 하다 보면 곧 미덕과 평정심이 자동적으로 따라오기 때문에 더 이상 누군가가 자신을 보고 있다고 가정할 필요가 없어진다. 그러면서 이러한 상태가 내면화된다.

4. 어딜 가든 평정심을 유지해야 한다. 이렇게 해야 기쁨을 느끼기 때문이며 냉철한 의사 결정이 계속 가능해지기 때문이다.

5. 상황이 나쁘더라도 이 단계들을 반복한다. 넬슨 만델라나 제임스 스톡데일처럼 결핍과 위험을 참아내면 내면의 평정심을 유지하게 될 것이다.

이 모든 단계는 끝없는 과정이다. 그 과정에서 우리는 성장하게 된다. 내면의 아주 깊은 곳에 평정심이 스며들 것이다. 그러면서 매 단계마다 의사 결정 능력이 향상됨을 느낄 것이다.

평정상태에서 의사 결정을 위한 정신의 공간이 확보될 뿐만 아니라 평정심은 그 자체만으로도 하나의 보상이 된다. 진정한 평정심은 기쁨과 연결된다. 정신과 마음을 자유롭게 하여 아름다움과 인생을 음미하게 해준다. 평정상태는 스토아 철학에 기반한 노력을 기울여 달성해야 할 상태일 뿐만 아니라 삶의 여정에서 중요한 요소이기도 하다. 에픽테토스는 이러한 미덕과 평정심 사이의 연관성을 이렇게 말한다. "미덕이 행운, 평정, 행복을 약속한다면, 미덕을 향한 과정은 이 각각의 요소를 향한 과정이기도 하다."[1]

모든 행동, 생각, 신중한 행위 자체가 어우러져서 평정심을 형성한다. 우리는 평정심을 통해 더 나은 선택을 할 수 있다. 감정이나 통제력 밖에 있는 것에 정신이 팔리지 않기 때문이다. 평정상태일 때 우리는 우리가 하는 모든 일에서 선善을 더 수월하게 선택하게 된다. 단순히 모든 유형의 선이 아니라 실용적인 선을 말이다. 평정심은 보상인 동시에 '구원에 이르는 길'이다. 평정심은 최종 상태이며 우리에게 동기를 부여하고 활기를 북돋아준다.

평정심에 대한 오해

평정심은 상인 동시에 길이다. 자, 잠시 멈추고 생각해보자! 평정심. 이 단어는 길지 않다. 너무 복잡하지도 않다. 하지만 이 단어에는 잠재적인 오해들이 담겨 있다!

잠시 이러한 오해들에 대해서 생각해보자. 가령, 당신이 이웃이나 친척이나 친한 친구에게 평정심을 키우는 연습을 시작했다고 말한다면 그들은 어떻게 생각할까?

당신이 '평정심'이라고 말하면 누군가는 산에 있는 신사에서 저 아래 몽매한 사람들의 바쁜 세상사에 초연한 채 책상다리를 하고 앉아 뭔가 읊조리는 수도승을 떠올릴지 모른다. 또 누군가는 외딴 바닷가의 야자나무 사이에 걸려 있는 해먹에서 시원한 음료를 홀짝거리는 모습을 상상할 수도 있다. 아니면 친구 한두 명과 함께 새소리와 부드럽게 찰랑거리는 물소리만 들리는 어딘가에서 배낚시를 하는 모습을 상상할지 모른다. 요컨대 흔히 평정심은 생계를 위한 일, 고된 일상, 걱정, 현대생활의 경쟁에서 동떨어지고 분리된 상태를 떠올리게 한다.

그러나 스토아 철학에서 평정심은 이것만을 의미하지 않는다. 세네카는 우리에게 미덕과 평정심을 추구하라고 충고하며 사후세계가 아닌 바로 지금과 여기에 초점을 맞출 것을 요구한다.

피가 뜨거운 바로 지금 더 나은 것을 향해 힘차게 나아가야 한다. 이러한 삶에서는 배울 가치가 있는 것을 많이 발견하게 되니, 사랑과 미덕의 실행, 욕망의 망각, 삶과 죽음에 대한 지식, 깊은 평온의 삶이 그것이다.[2]

세네카는 고립된 상황에서 미덕을 행하거나 평정심에 도달해야 한다고 말하지 않는다. 사실, 세네카의 삶이나 마르쿠스 아우렐리우스와 카토의 삶을 볼 때 미덕과 평정심을 위한 노력을 기울이기 가장 좋은 곳은 골치 아픈 일들이 일어나는 삶의 한복판이다. 세네카는 세속적인 노력을 그만두지 않았다. 그는 네로 황제의 조언자였을 뿐만 아니라 굉장히 영향력 있고 부유한 재무관이었다. 로마 정치의 소용돌이 속에 있던 노련한 정치가였다. 하지만 그는 스토아적 삶을 실천했다. 또한, 그가 거둔 성공과 네로 황제를 향한 조언은 스토아철학의 원리에 대한 이해와 적용에서 비롯되었을 가능성이 크다.

마르쿠스 아우렐리우스도 마찬가지다. 『명상록』을 보면 로마를 다스리는 일상적 임무에서 가져온 예들로 가득 차 있다. 그 내용은 대개 세상사에서 멀어지고 싶은 유혹에 '굴하지 않고' 통치와 일상에서 적극적이고 공정하고 평정심으로 임해야 한다는, 자신을 향한 진심어린 훈계이다. 한편, 카이사르에 맞섰던 카토는 강제 추방을 당했던 때를 제외하고 결코 현실에서 도망치지 않았다. 그는 로마의 남녀에게 가난과 금욕을 몸소 보여주는 조언자였다. (하지만 그가 마르키아를 너무 사랑한 나머지 금욕에서 멀어진다고 느껴 그녀와 해버린 그 유명한 이혼에서 드러나듯, 때로 그는 자기 용서라는 측면에서 자신에게 충분한 여유를 주지 않았던 것 같다.)[3]

이 두 사람의 사례는 스토아 철학과 다른 종교적 교리나 신조를 더욱 명확하게 구별되게 한다. 오늘날 많은 사람들은 흔히 종교적 지침이 현대생활에서 발생되는 문제와 미덕과 관련한 문제를 해결하는 데 효과적이지 못하다고 생각한다. 이런 연유로 현대생활에서 종교를 적용하는 데 종종 어려움을 겪는다. 반면 스토아 철학은 현실적인 지침과 스토아학파 지도자들의 성공적인 사례들을 제시한다. 이러한 지침과 사례들은 복잡한 일상의 한복판에서 선善과 평정을 실천할 때 좋은 결과가 발생된다는 점을 보여준다.

벤저민 프랭클린의 목표

스토아적 삶을 살았던 좀 더 현대적인 인물도 있다. 그가 선과 평정을 실천한 사례를 자세히 살펴보려 한다. 그는 바로 벤저민 프랭클린이다. 1726년, 고작 스무 살이던 프랭클린은 아주 고귀한 목표를 세웠다. 그는 이렇게 말했다.

> 나는 도덕적 완벽성에 이르고자 하는 대담하고도 어려운 계획을 마음에 품었다. 언제든 어떤 과오도 범하지 않고 살고 싶었다. 타고난 성향, 습관, 또는 동료가 나를 이끌어서 범하는 모든 잘못을 정복하고 싶었다.[4]

프랭클린은 이러한 목표를 달성하기 위해 13가지 덕목을 실천하기로 했는데 이는 스토아 철학이 제시하는 지침과 유사하다. 그가 말한 덕목은 절제, 침묵, 규율, 결단, 절약, 근면, 성실, 공정, 중용, 청결, 평정, 순결, 겸양이다. 그는 평정에 대해 스토아 철학과 같은 정의를 내린다. 한번 비교해보자.

> 프랭클린—평정: 하찮은 일 또는 흔하거나 불가피한 사건에 동요하지 않는 상태.[5]

> 마르쿠스 아우렐리우스—오이 맛이 쓴가? 그렇다면 버려라. 길에 찔레덤불이 있는가? 그렇다면 피해 돌아서 가라. 그렇게 하는 것으로 충분하다. "이 세상에 도대체 이런 게 왜 생겨난 거야?"라는 말은 말아라. 고통에는 한계가 있으며 상상으로 그 무엇도 가미하지 말아야 함을 명심한다면 고통은 견딜 수 없는 것도, 영원히 지속되는 것도 아니다. 고통은 육체에 해롭거나(그렇다면 육체가 그렇다고 분명히 표현할 수 있게 해야 한다!) 정신에 해롭다. 하지만 나름의 침착함과 평정을 유지하는 것은 정신의 힘이다……[6]

마르쿠스 아우렐리우스의 인용문이 좀 더 길뿐 그와 프랭클린은 같은 결론에 도달하고 있다. 하찮은 것이든 불가피한 것이든 그것 때문에 괴로워하지 말라는 점이다. 그것 때문에 평정을 잃지 말라는 점이다.

벤저민 프랭클린 역시 세속적인 사람이었다. 그는 주로 미국 민주주의의 초석을 다진 애국자로 기억되지만 자수성가한 미국인이기도 하다. 그는 과학자, 인쇄업자, 작가, 그리고 오랫동안 영국과 프랑스 주재 대사를 지냈던 인물이다. 그는 평정에 대한 자신의 충고를 세상과 단절하기 위한 구실로 이용하지 않았다. 그는 스토아 철학에 기반한 덕목들을 정하여 이를 밤낮으로 실행에 옮겼다. (물론 그의 삶을 보면 그가 내세운 덕목 가운데 적어도 한 가지는 문제시될 수도 있다. 그가 순결을 전혀 실천하지 않았다는 소문이 있기 때문이다.)

벤저민 프랭클린은 항상 평정이라는 목표를 염두에 두고 지혜, 공정, 용기, 중용 같은 스토아적 덕목들도 정의하고 실천했다. 그는 '중용'과 '공정'을 함께 묶어 이렇게 말한다. "극단을 피하자. 자신의 상처에 분노하여 상대방도 상처를 받아야 한다고 생각하지 말자. 남에게 피해를 주는 일을 하지 말고 남에게 응당 주어야 하는 이익은 꼭 주자."[7]

'용기'는 프랭클린의 '결단'과 가장 유사하다. "해야 할 일을 실행하기로 결심하고, 결심한 일을 반드시 행하자."[8] '지혜'라는 덕목은 이 말 그대로 쓰이진 않았어도 프랭클린이 쓴 대부분의 글에 담겨 있다. 프랭클린은 단순한 지혜를 지닌 것으로 유명했다.[9] 그의 13가지 덕목 가운데 스토아 철학에서 말하는 '지혜'의 뜻에 가장 가까운 것은 '침묵'('자타에 이익이 없는 말은 하지 말고, 쓸데없는 말은 하지 말자')과 '성실'('사람을 속이지 말고, 순수하고 공정하게 생각하며, 언행을 일치시키자')인 것 같다.[10]

우리는 끊임없이 태도를 고치고 사고방식을 개선함으로써 이러한 덕목을 달성할 수 있다. 이는 시행착오 없이 이루어지지 않는다. 노력 없이 이루어지지 않는다. 하지만 정말로 고무적인 점은 덕목 자체에 대한 보상이 점점 커지고 그 과정에서 덕목의 더 많은 실천이 촉진된다는 점이다. 바로 지금 자신이 있는 곳에서 경험할 수 있는 그 보상이란 바로 마음의 평정이다.

이 모든 것들은 불멸의 삶을 위해서가 아니다. 그 목표는 지금 여기서 우리가 성공하고 더 나은 인생을 사는 데 있다. 윌리엄 어빈은 이러한 구분을 재확인하면서 스토아 철학에 기반한 미덕의 개념을 다음과 같이 요약한다. "덕이 있는 개인이란 인간 본연의 기능을 잘 수행해내는 사람이다. 그러므로 덕을 갖춘 삶이란 본래 예정된 대로 살아가는 것이요, 제논의 설명을 따르면 본성에 부합해 사는 것이다. 스토아 철학은 만일 우리가 이렇게 한다면 바람직한 인생을 살게 된다는 점을 여기에 덧붙인다."[11]

바람직한 인생, 그것이 목표인 것이다.

4장

두려움을 없앤다는 것

나는 두려워하지 않을 것이다.

두려움은 정신을 죽인다.

두려움은 완전한 소멸을 초래하는 작은 죽음이다.

나는 두려움에 맞설 것이다.

두려움이 나를 통과하여 지나가도록 허락할 것이다.

그리하여 두려움이 지나가면

마음의 눈으로 그것이 지나간 길을 살펴보리라.

두려움이 사라진 곳에는 아무것도 없을 것이다.

오직 나만 남아있으리라.

_프랭크 허버트의 1965년 소설 『듄』 「두려움을 이기는 기도」 중에서

공상과학소설 속 이 문구는 주인공이 수많은 기상천외한 난관 중에서도 거대한 샌드웜의 등장이라는 상황에 직면하여 용기를 내려고 노력하는 장면이다. 여기에 담긴 원리는 우리가 일상에서 직면하는 두려움에도 똑같이 적용된다. 사람들 앞에서 말하는 것의 두려움, 오해받는 것에 대한 두려움, 어울리지 못하는 것에 대한 두려움, 모험에 대한 두려움, 사업에서 성공하지 못할 것 같은 두려움, 실패에 대한 두려움, 심지어 죽음에 대한 두려움까지. 우리는 매일 이렇게 다양한 유형들의 두려움에 직면하며 이성적인(때로는 비이성적인) 사고를 활용한다.

스토아 철학자들은 두려움에 대해 많은 이야기를 한다. 두려움이 무엇인지, 두려움을 어떻게 인지하는지, 두려움을 어떻게 다루거나 극복하는지, 그것을 유리하게 활용하는 방법은 무엇인지 이야기한다. 실로 우리가 이러한 지점에 도달한다면, 두려움을 제대로 파악하는 방법을 배운다면 소설의 전사처럼 두려움이 사라진 이후에 자기 자신만 남는 경험을 할 수 있다. 해방감을 느끼며, 감정에 사로잡히기보다 더 명확하게 보고 더 침착하고 신속하게 반응할 수 있게 된다.

잠깐, 더 있다! 그 결과 우리는 평정심을 얻는다.

그렇다! 스토아 철학에서 두려움을 다루기 위한 모든 기술은 한 가지를 목표로 한다. 바로 '평정심'에 이르는 것이다(혹은 그러한 상태로 돌아가는 것이다). 앞서 살펴보았듯 평정심이 있을 때 우리는 여유롭고 편안한 상태에서 현명한 결정을 내릴 수 있고, 평정심 그 자체로 즐거움과 보상이 된다. 그러므로 두려움을 없애거나, 적어도 감당할 만한 수준으로 줄인다는 목표는 선善을 향한 여정과 선한 상태 그 자체에 직접적인 영향을 준다. 두려움은 내면의 깊은 평정심을 향해 성장하는 능력과 평정심에 이르렀을 때 이를 즐기는 능력에 영향을 준다.

스토아 철학자들은 두려움을 직시하고 줄이는 세 가지 주요 기술을 가르친다. 시각의 재구성, 목표 설정, 그리고 부정적 시각화의 활용이다. 여기에 더하여 『듄』에 나오는 '가만히 서서 견디어낸다'라는 단순한 방법이 넷째 기술에 추가될 수 있으리라. 이러한 기술들은 서로 관련이 있지만 각각 독립적으로도 살펴볼 수 있다.

시각의 재구성

첫째 기술인 '시각의 재구성'에 대해 에픽테토스는 이렇게 말한다.

인간은 발생되는 일 때문이 아니라 그 일에 대한 생각 때문에 불안해한다. 가령, 죽음 그 자체는 무서운 일이 아니다. …… 뭔가에 방해받거나 불안하거나 슬플 때 절대 다른 사람들을 탓하지 말고 자신, 그러니까 나의 생각을 탓해야 한다.[1]

에픽테토스는 두려움의 근원을 살펴보라고 말한다. 자신의 행동이 타인에게 어떻게 비칠 것인가에 대한 생각이나 자신의 인식이 두려움의 근원일 수 있다. 사실, 어떤 행동이 자신을 어리석어 보이게 한다고 생각하든 말든, 자신을 빛낼 기회가 있든 실수하든 이런 것들은 중요하지 않다. 우리는 다른 사람들이 무엇을 생각하는지, 그들이 우리에게 어떻게 접근하고 반응하는지에 대해 통제하지 못한다. 우리는 그저 우리가 어떻게 생각하는가와 그러한 생각에 대한 반응으로 무엇을 할지를 통제할 수 있을 뿐이다.

로버트 그린은 두려움과 다른 이들의 의견이 어떻게 상호작용하는가에 대한 피프티 센트의 견해를 다음과 같이 요약한다.

그러나 방법이 없는 것은 아니다. 바로 자신의 삶에 대담하게 접근하는 것이다. 이를 위해서는 먼저 타인의 의견에서 해방되어야 한다. 물론 말처럼 쉬운 일은 아니다. 끊임없이 타인의 의견을 듣고 자신을 평가하는 습관, 평생토록 갖고 있던 이 습관을 버려야 한다. 또한 타인의 생각이나 기대에 신경 쓰지 않는 것이 어떤 기분인지 한 번쯤은 느껴봐야 한다. 전진하든 후퇴하든 타인의 의견에 좌우되지 마라. 당신의 내면에서 종종 의심으로 탈바꿈하는 타인의 목소리를 모두 끄집어내라. 자신의 한계를 이미 내면화했는가? 거기에 초점을 맞추기보다 당신이 가진 새롭고 색다른 행동의 가능성을 생각해보라. 당신의 성품은 그것을 바꾸겠다는 의식적인 결심에 의해 변화되고 재창조될 수 있다. 우리는 의지력이 우리의 행동과 관련하여 어떤 역할을 하는지 거의 알지 못한다. 자신에 대한 평가, 그리고 자신의 능력에 대한 평가를 스스로 높일 때 그것은 당신의 행동에 결정적인 영향을 끼친다. 실패하더라도 언제든 다시 일어설 수 있다는 것을 알면 좀 더 편안한 기분으로 위험을 감수할 수 있다. 그러고 나면 위험을 감수하는 일이 당신의 에너지 수위를 높여준다. 즉, 도전에 맞서지 않으면 실패할 수밖에 없으므로 당신의 내부에서 아직 개발되지 않은 창의성의 보고를 발견하게 될 것이다.[2]

많은 사람들이 다른 사람들이 자신을 어떻게 생각할까 하는 두려움에서 벗어나지 못하고 있다. 이러한 생각은 가령, 사람들 앞에서 말하는 두려움을 일으키는 데 큰 작용을 한다. 이는 우리의 물질주의 문화에 적지 않은 영향을 끼치기도 한다. 우리는 항상 번듯하게 보이고 싶어 하고 가장 멋진 최신 장난감을 사려고 하며 일반적으로 다른 사람들이 하는 대로 따라가려 한다. 다른 사람들이 나를 어떻게 생각할까 두려워하기 때문에 이런 일이 발생된다. 이러한 두려움은 놀랄 만한 현상이 아니다(우리가 이것을 이성적으로 들여다보지 않긴 하지만). 우리는 모두 이러한 두려움이 발생되는 것을 보았고, 이러한 두려움에 어느 정도 기여하기도 했다. 하지만 피프티 센트와 에픽테토스가 모두 말하듯 우리에겐 타인의 의견을 무시할 힘이 있다. 그렇게 할 때 대담해질 뿐만 아니라 좀 더 평정상태로 돌아가 이른바 '창의성의 저수지'가 채워진다.

'다른 사람들이 어떻게 생각할까' 하는 두려움을 극복하는 것 외에 자신의 생각에 대해서도 살펴보아야 한다. 앞서 에픽테토스가 죽음에 대한 우리의 생각을 언급하며 한 말이 좋은 예다. 죽음은 피할 수 없는 순리적인 사실이다. 죽음을 왜 두려워하는가? 이러한 질문에 온전히 이성적인 생각을 하기란 쉽진 않다. 하지만 이성적으로 생각하고, 자신의 통제력을 벗어나는 모든 것을 걱정할 가치가 없는 것으로 일축하는 연습을 하며 점점 그러한 상태에 이르러야 한다. 그러면 평정심과 이로 인한 이점이 더 깊이 지속적으로 축적되는 지점에 도달한다.

개빈 드 베커는 이렇게 썼다. "걱정이 들면 '지금 나는 무엇을 보지 않기로 선택하고 있는가?'라고 자문해보라. 당신이 자기 성찰이

나 각성이나 지혜 대신 걱정을 선택함으로써 놓치고 있는 중요한 것은 무엇인가?"[3]

우리는 평정상태에서 상황을 더 잘 본다. 우선순위를 더 능숙하게 정한다. 이는 스토아 철학에서 강조되는 기술 가운데 다음 단계인 목표 설정으로 이어진다.

목표 설정

스토아 철학에서 '목표 설정'이라는 개념은 자신이 통제할 수 있는 부분과 통제할 수 없는 부분을 결정한 결과에 실행 계획을 적용하는 것을 의미한다. 통제력 범위에 있는 목표를 선택할 때 우리는 두려움을 줄일 수 있다. 어떤 문제가 자신의 통제력을 완전히 벗어난다면 걱정을 하지 않기로 결정하기 때문이다. 또한, 좀 더 크고 복잡한 문제에 있어 하위 범주로, 즉 자신이 통제할 수 있는 부분과 없는 부분으로 나누기 때문이다. 그렇게 한 후 통제하지 못하는 부분들은 무시하고 실제로 통제 가능한 부분들에 대해선 계획을 세우는 것이다. 일단 통제하지 못하는 부분들이 제거되면 거의 예외 없이 문제가 감당할 수 있고 '두렵지 않은' 것으로 느껴진다. 더욱이, 크고 두려운 문제를 이렇게 합리적이고 신중하게 작은 부분들로 분해하면 장애물을 여정의 한 단계로 새롭게 볼 수 있다. 또한, 성공을 위한 실질적인 계획이 달성 가능하고 통제 가능한 부분들로 나누어진다.

윌리엄 어빈은 이에 대한 좋은 예를 제시한다.

> 만일 '외적인 실패'가 다반사인 직업에 종사하는 사람들이라면 내면의 목표를 설정하는 것이 특별히 중요할 듯하다. 원대한 야망을 품은 어느 소설가를 상상해보자. 스스로 선택한 직업에서 성공을 거두려면 소설가는 두 가지 싸움을 치르고 여기서 승리해야만 한다. 첫째, 빼어난 글솜씨를 갖추어야 한다. 둘째, 출판사의 거절에 대처할 줄 알아야 한다. (실패의 두려움을 줄이려면) 한마디로 목표를 내면화하면 된다. 소설가 지망생은 소설 출간같이 자신이 거의 통제하지 못하는 외적인 문제를 목표로 설정해서는 안 된다. 그 대신 원고를 쓰면서 얼마나 열심히 할 것인지, 혹은 정해진 기간 동안 얼마나 많은 출판사에 원고를 보낼 것인지 등 자신이 통제력을 발휘할 수 있는 내면의 목표를 설정해야 한다.[4]

원고 작업을 열심히 하는 것에 내재적으로 무서운 점은 없다. 원고를 제때 제출하는 일에도 내재적으로 두려울 일은 없다(이는 흥미롭게 느껴질 수도 있고 미지의 세계에 한 발을 들여놓는 기분일 수도 있다. 후

자의 경우라면 스토아 철학에서 두려움을 다루는 중요한 기술인 '부정적 시각화'를 적용할 수 있다. 잠시 후 이 부분을 다시 다룬다). 우리는 문제를 통제 가능한 부분과 불가능한 부분으로 나눔으로써 두려움이라는 요소를 줄이게 된다. 외적인 목표가 아닌 내적인 목표를 통제하고 그에 맞는 노력을 기울이게 된다.

앞서 제시된 예에서 두려움을 일으키는 상황을 세 가지 측면으로 다룰 수 있다. 일단 솜씨를 연마하고(충분한 노력과 인내를 발휘한다면 우리의 통제력 영역에 있다), 거절이나 미지의 세계에 대한 두려움을 자신이 통제할 수 없는 부분과('편집자 의견'은 걱정할 필요 없다) 통제할 수 있는 부분(노력, 원고를 제출하는 횟수)으로 나눈다. 뒤에서 더 논의하겠지만, 이 마지막 부분이 특히 중요하다. 우리가 무언가에 쏟는 '노력'과 시간이 흐르면서 그 노력에 적용하는 '인내심'이 바로 핵심 기술이기 때문이다. 사실, 이 두 가지는 아주 중요하기 때문에 뒤에서 한 장에 걸쳐 다루어진다.

부정적 시각화

두려움을 다루기 위한 첫 두 가지 기술(시각의 재구성과 목표 설정)을 활용하려면 통제 가능한 부분과 불가능한 부분을 분별하기 위해 논리를 적용해야 한다. 셋째 기술인 부정적 시각화는 이른바 '미지의' 두려운 일, 이따금 논리만으로는 충분하지 않아 보이는 일에 가장 유용하다. 하지만 이러한 상황에서도 논리를 적용하는 방법이 있다. 그 방법은 다음과 같다.

앞서 언급했듯, 우리가 미지의 것을 직면하는 상황에서 할 수 있는 일은 부정적 시각화를 하면서 이렇게 자문하는 것이다. '발생 가능한 최악의 결과는 무엇인가?' 여기서 최악의 상황을 생각할 때 논리가 적용된다. 즉 위험 요소들과 이점들을 합리적으로 따져볼 수 있다. 이 과정에서 두려움은 사라진다. 합리성은 두려움에게는 적이지만 사고하고 평정심이 있는 사람에게는 친구다.

자세히 보면 최악의 시나리오란 실제로 그렇게 나쁘지 않은 경우가 많다. 그런 시나리오를 생각하는 것만으로도, 정신적으로 연습하는 것만으로도, 혹은 팀 페리스가 주기적으로 가난을 연습했듯 최악의 상황을 연습하는 것으로도 혹독한 결과를 완화시킬 수 있다. 또한 삶에서 이제까지와는 다른 종류의, 좀 더 단순한 즐거움과 감사를 느낄 수도 있다. 그러면서 우리는 두려움을 긍정적인 것으로 바꾸고, 대부분의 두려움이 상상과 환상에 존재하며 성공의 걸림돌에 불과하다는 점을 알게 된다. 어떤 두려움은 감사할 기회와 내면의 힘을 쌓을 기회로 바뀐다. 미지의 세계로 들어가는 그 발걸음은 저절로 긍정적인 것으로 바뀔 수 있다. 이렇게 되면 우리가 상상한 그 어떤 부정적인 측면도 실제로 그 정도가 완화되기 마련이다.

스페인 출신 작가로서 수많은 직업을 가졌던 스티븐 프레스필드는 이렇게 설명한다. "두려움은 좋은 것이다. 두려움은 자기 회의처럼 하나의 신호다. 두려움은 우리가 무엇을 해야 하는지 알려준다." 그는 이어서 말한다. "전문가는 자신의 능력을 최대한 발휘하게 만들 프로젝트에 매달린다. 미지의 영역으로 향하게 하여 자신에게서 발견하지 못한 측면을 탐험하게 만들어줄 일을 떠맡는다."[5]

신인 작가에게 글쓰기는(그리고 원고를 편집자에게 제출하는 일은) 미지의 세계에 발을 들여놓는 일과 같다. 하지만 그렇게 발을 들여놓지 않고서야 어떻게 진정한 전문가가 되기를 희망할 수 있겠는가? 그러한 두려움을 직시하고 이를 긍정적인 것으로 바꾸는 편이 낫지 않은가?

부정적 시각화는 근거 없는 두려움을 가라앉히고 이것을 합리적이고 감당할 수 있는 조치로 바꾸는 데 도움이 된다. 더욱이 우리는 두려워하는 대상 그 자체를 어떤 기회로 봐야 한다. 모르는 영역에 발걸음을 내딛을 때 비로소 우리가 성장한다. 최악의 시나리오를 감안하면서 미지의 영역에 들어선다면 살짝 겁은 나지만 그렇다고 극복하지 못할 정도로 무섭지는 않은, 오히려 재미있는 탐험이 될 것이다.

세네카는 부정적 시각화가 두려움의 영향을 어떻게 줄이는지 보여주는 두 가지 격언을 전한다.

첫째, 그는 이렇게 주장한다. "미래의 불운을 미리 인지하는 사람은 이 불운이 현재에 끼치는 해를 없앤다."[6]

둘째, 그는 다른 책에서 불운은 "행운만을 기대하는" 사람을 무겁게 짓누른다고 말한다.[7]

삶에서 모든 불운을 제거하지는 못한다. 어떤 일들은 통제력을 벗어난다. 한마디로 이는 외부 요인이다. 하지만 외부 요인이 우리의 평정심을 방해하는 것을 차단하기 위해 최선을 다할 수 있다. 문제를 보는 시각을 재구성하고, 내적으로 통제 가능한 목표를 세울 수 있다. 흔히 두려움은 합리적 결정을 내리는 우리의 능력에 감정의 먹구름을 드리우지만, 우리는 부정적 시각화를 활용하여 이러한 먹구름을 줄일 수 있다. 당면한 문제에 있어 통제 가능한 부분들에 대해 현명한 결정을 내리면 문제는 덜 두려운 대상이 되면서 점차 사라지고 만다.

부정적 시각화를 거치면서 이성적 사고를 하게 되면 이러한 문제는 걱정을 불러일으키지 않는다. 우리는 두려워 보이는 목표를 향해 의식적으로 발걸음을 내디딜 수 있고 그러는 과정에서 스스로 성장한다.

두려움에 맞서는 일과 관련하여 로버트 그린과 피프티 센트는 중요한 언급을 한다. 두려움 없는 마음에서 촉발되는 '창의성의 저수지'와 밀접하게 관련된 개념이 있다. 두려움을 느끼지 않고, 내면에서 통제할 수 있는 상황에 맞설 때 '기민성'을 증대시킨다는 것이다. 그들은 다음과 같이 쓰고 있다.

> 지금 우리는 온갖 버팀목을 제공해주는 문화 속에 살고 있기 때문이다. 어디에나 조언을 구할 수 있는 전문가가 있고, 어떤 심리적 불안도 약으로 치료할 수가 있다. 시간 죽이기 용의 가벼운 오락도 많고, 입에 풀칠 정도는 하고 살 수 있는 일자리도 널려 있다. 이런 버팀목들에 저항하는 일은 쉽지 않다. 하지만 거기에 굴복하는 것은 다시는 나올 수 없는 감옥에 들어가는 것과 같다. 당신은 도움을 구하려 계속 바깥을 바라보게 되는데 그러면 당신의 선택권과 기동성은 현저하게 줄어들 수밖에 없다. 중요한 결정을 내려야 하는 순간(이런 순간은 반드시 오기 마련이다)에 당신 내부에는 의지할 것이 하나도 없는 것이다.[8]

시각의 재구성과 목표 설정과 부정적 시각화를 통한 두려움의 극복, 기민해지는 능력, 두려움 없는 마음은 밀접하게 연관되어 있다. 사실, 두려움 없는 마음과 기민성 사이의 연관성은 창의성과 기민성에 대한 피프티 센트의 생각을 한데 엮어 일종의 수학식을 만들어낸다.

대담함+기민성=창의성

이 요소들은 상호적이어서 서로 합쳐져 다른 요소를 만들어낸다. 당신은 대담하다. 그리고 기민성을 키우고 있다. 어떤 상황에서 혹은 어떤 프로젝트를 진행할 때 대담하면서 동시에 기민하면 당신은 창의적인 해결책을 발견할(그리고 선택할) 것이다.

여기서 기억할 점은 이 모든 과정에서 누구나 두려움에 직면한다는 사실이다. 온갖 종류의 두려움에 말이다. 유명 인사들 가운데 어떤 이들은 두려움 때문에 능력을 제대로 발휘하지 못했다. 가령, 토머스 제퍼슨은 대통령으로서 8년 동안 연설을 단 두 번만 했다. 그것도 너무 조용하고 겸손히 말하는 바람에 제대로 들은 사람이 없었다고 한다![9] 링컨도 간디도 마찬가지였다. 그들은 대중 앞에서 말하는 것에 두려움을 느낀 유명한 지도자들 가운데 일부일 뿐이다.

대담한 지도자 시어도어 루스벨트는 다음과 같은 유명한 말을 남겼다.

비평가들은 중요하지 않습니다. 강한 사람이 어떻게 넘어졌는지, 누군가에 대해 더 잘할 수 있었는데 그러지 못했다고 지적하는 사람은 중요하지 않습니다. 칭찬과 공은 실제 경기장에 서 있는 사람의 것입니다. 얼굴은 먼지를 뒤집어 쓴 채 땀과 피로 얼룩져 있는 사람, 용감하게 싸우는 사람, 실수와 단점이 없는 노력은 있을 수 없기에 실수도 하고 거듭 한계에 부딪히는 사람, 실제로 무엇인가 행동을 하기 위해 노력하는 사람, 위대한 열정과 헌신을 알고 가치 있는 대의명분에 온몸을 던지는 사람이 칭찬을 받아야 합니다. 일이 잘 될 경우 위대한 성취를 맛볼 것이며, 최악의 경우라고 해도 대담하게 맞서며 용기 있는 실패를 하는 겁니다.[10]

두려움을 없애려면 우선 자신이 통제할 수 있는 일과 통제할 수 없는 일을 분별해야 한다. 그렇게 한 뒤 자신이 통제할 수 있는 일을 처리 가능한 부분들로 합리적으로 나누어야 한다. 세네카의 말처럼 자신이 통제할 수 없는 일은 걱정할 가치가 없으므로 부정적 시각화를 통해 거리를 두고 보면 된다. 스스로 통제할 수 있는 일에 노력을 기울일 때 우리의 기민성, 창의성, 평정심은 증가된다.

일단 두려움이 사라지고 자신만 남게 되면 우리는 평정상태에서의 시각과 강인함으로 관찰하고 존재하는 '더 나은 인간'이 될 수 있다. 스스로 두려워하는 것을 통제하고 그것을 의도적으로 포용할 때 두려움을 활용하여 더 나은 인생을 살고 인간으로서 자신의 잠재력에 도달할 수 있다.

마르쿠스 아우렐리우스는 다음과 같은 말로 우리가 두려움을 어떻게 인식해야 하는가에 대해 정곡을 찔렀다. "죽음을 두려워할 게 아니라 진정한 삶을 시작하지 못하는 것을 두려워해야 한다."[11]

5장

좌절 속에서 찾는 기회

내 인생에서 처음으로 진정한 좌절감을 느꼈던 것은 고등학교 1학년 때였다. 화학 과목에서 낙제점을 받았던 것이다. 우등생이었던 나는 충격을 받았다. 선생님은 나를 우둔하다고 생각했다. 부모님은 내게 과외를 시켜주셨다. 과외 선생님은 너무 고루하고 냉정한 분이었다. 선생님은 내게 특정한 화학 주제를 가르치시고는 계속해서 문제를 내고 반복 연습을 시켰다. 이 과정은 확실히 고통스러웠는데, 특히 처음에 더 그러했다. 하지만 시간이 지나면서 나는 학교 화학 시간에 했던 것보다 훨씬 어렵고 더 진전된 공부를 과외 시간에 해낼 수 있게 되었다. 나는 맹렬하게 공부했다.

나는 그 개인 지도를 통해 비장의 무기를 갖추게 되었다. 한 학기가 끝나기 전 나는 반에서 최우수 학생이 되었다. 화학 선생님은 내가 거둔 성과를 믿을 수 없었지만 결국 나를 AP클래스(일종의 우등반으로 대학 과목 선행 교육을 받는다-역주)에 추천했다. "이젠 제가 질문을 채 마치기도 전에 그 답을 척척 말하는 수준이 되었어요." 선생님은 부모님과 상담하면서 이렇게 말씀하셨다. 그리하여 나는 2년 동안 AP클래스의 수업을 들었고 성적이 충분히 향상되어 좋은 대학에 들어갔다.

만일 내가 애초에 화학 과목 때문에 큰 좌절을 겪지 않았다면 실력이 결코 향상되지 못했으리라. 과외 선생님과 함께 공부했던 것처럼 그렇게 열심히 공부하는 법을 배우지 못했으리라. 아마 스스로 채찍질하며 공부하는 대신 설렁설렁 했을 것이다. 고등학교 1학년 때 내 관점에선 장애물로 시작되었던 상황이 오히려 기회가 되었다.

장애물을 이정표로 바꾸려면

앞 장에서 살펴보았듯 스토아 철학의 여러 미덕들은 장애물을 성공을 향한 여정의 디딤돌로 바꾸는 데 상당한 기여를 한다. 두려워하지 않을 때 생기는 기민성, 평정심으로 행동할 때 내면과 마음을 채울 수 있는 대담, 스스로 통제 가능한 것에 대해서만 걱정을 하면 된다는 인식, 이 세 가지는 요지부동으로 보였던 장애물을 예상치 못한 이점으로 바꾸는 데 필요한 핵심 요소들이다.

라이언 홀리데이는 이에 대해 설명하고, 장애물을 이정표로 바꾸기 위한 전략을 제시한다.

경제 위기든 개인적 비극이든 생각하기에 따라 모든 일은 앞으로 나아갈 기회로 작용한다. 설령 우리가 미처 예상하지 못했다 해도 마찬가지다. 도지히 극복하기 힘들어 보이는 장애물이 나타날 때 우리는 반드시 다음과 같은 점들을 염두에 두어야 한다.

· 객관적인 시각을 유지한다.

· 감정을 통제하고 균형감각을 잃지 않는다.

· 긍정적인 요소를 찾아내기 위해 노력한다.

· 흥분하거나 당황하지 않는다.

· 남들을 방해하거나 제한하는 요소들을 무시한다.

· 거시적인 안목을 유지한다.

· 눈앞의 현실에 집중한다.

· 통제 가능한 부분에 집중한다.

이것이 바로 장애물 속에서 기회를 찾아내는 방법이다. 이것은 절

대 저절로 되지 않는다. 치열한 훈련과 논리적 사고의 결과물이다.[1]

아마도 에픽테토스, 마르쿠스 아우렐리우스, 세네카, 혹은 다른 초기 스토아 철학자들이 했던 말에서 인용했을 것이다. 오래전 남겼던 그들의 말이 오늘의 세상과 이렇게 관련이 있다니! 그들은 평정을 되찾고, 문제를 객관적으로 보며, 자신이 실제로 통제할 수 있는 부분에 집중하는 데 초점을 맞추고 있다.

일단 이렇게 문제를 정의하고 문제 속에서 기회를 보도록 마음의 방향을 바꾼다면, 완전히 뒤집어 생각하고, 문제를 덜 두려워하며, 나아가 그것을 성공의 여정에 존재하는 한 단계로 만들기 위한 확실한 전략들을 적용할 수 있다. 하지만 내부 문제(통제 가능한 부분)를 외부 문제(통제 불가능하기에 걱정할 필요가 없는 부분)와 분리해야 이러한 전략이 가장 효과적이라는 점을 기억해야 한다. 여기에 몇 가지 기술들을 소개한다.

측면 공략: 문제에 정면으로 달려들지 말고 다른 접근법은 없는지 살펴본다. 언덕 꼭대기에 있는 적의 벙커를 점령하려고 시도할 때 저격수들이 있는 언덕으로 곧바로 달려가는 대신 후방으로 돌아가 총을 겨눈 병사들이 없는 곳으로 들어간다. (이는 물론 비유다. 하지만

당신이 설령 해병대가 아니어도 좀 더 일상적인 다른 문제들을 이와 같은 방식으로 접근해볼 수 있다. 이렇게 자문해보자. 나는 이 문제를 다르게 접근할 수 있는가?) 언덕 꼭대기에서는 좀 더 분명하게 내려다볼 수 있고, 이렇게 접근했을 때 정면돌파를 택했을 때보다 훨씬 덜 힘들게 목표를 달성할 것이다.

큰 문제를 작은 단위로 나누기: 앞 장에서 이 부분을 상세히 다루었다. 하지만 이 방법은 문제 해결에 실질적인 도움이 되기 때문에 여기서 다시 다룰 가치가 있다. 스토아 철학에서 문제를 작은 단위로 나누는 방법은 우선, '이 문제에서 내가 통제할 수 있는 부분은 무엇인가?'라고 자문하는 것이다. (내부 문제와 외부 문제가 무엇인가?) 당신이 통제하지 못하는 모든 부분은 '걱정할 가치가 없으므로' 쓰레기통에 던져버려라. 여기에는 이를테면 죽음처럼 잠재적 비극이 되는 일들이 포함될 수 있다. 냉철하고 합리적으로 생각해보면 통제하지 못하는 일들에 대해 걱정할 가치가 전혀 없다. (물론 이렇게 마음을 단련하려면 상당한 노력이 필요하다. 우리가 통제하지 못하는, 다른 사람들의 의견을 이성적으로 무시하기란 얼마나 어려운 일인가 말이다!) 일단 문제에서 통제 불가능한 외적인 부분들을 제쳐두면 문제의 남아 있는 작은 부분들에 객관적이고 명료한 주의를 기울일 수 있다. 그것은 바로 무언가를 배우는 데 얼마나 많은 노력을 기울일 것인가, 어떤 문제에 얼마나 많은 끈기를 발휘할 것인가 하는 점이다. 외부 요인을 통제하려는 생각으로 마음에 먹구름을 드리우지 않아야 드러나는 창의성, 노력, 끈기로 원래의 큰 문제에 단편적으로 접근해야 문제 해결이 수월해진다. 정리해보자면, 일단 작은 부분들에 매달리면 결국 성공을 거두게 되며 이는 흔히 창의적이고 예상치 못한 방향으로 이루어진다.

개선을 향한 지속적인 반복: 현재 이 전략은 한창 유행하고 있는데 그럴 만한 이유가 있다. 바로, 효과적이라는 점이다! 이 전략은 컴퓨터 디자인, 코딩, 컴퓨터 공학, 애자일agile(작업 계획을 짧은 단위로 세우고 시제품을 만들어나가는 사이클을 반복함으로써 고객의 요구 변화에 유연하고도 신속하게 대응하는 개발 방법론-역주) 프로젝트 관리 과정에서 아이디어를 빌려온 것인데, 말하자면 불완전한 해법들의 적용을 빠르게 반복함으로써 해결책에 접근하는 것이다. 이는 기관총 병영으로 직진하지 않고 언덕을 오르는 또 다른 방법이다. 한 설계자가 레딧Reddit(미국의 소셜 뉴스 웹사이트)에 자신의 원격근무 팀이 일하는 과정에 대한 글을 올렸다. "우리가 보는 것의 상당 부분은 굉장히 반복적이다. 우리는 우리가 가려고 하는 지점을 알고 있지만 그곳에 닿는 세세한 방법은 끊임없는 흐름과 같다."[2] 이러한 접근법은 컴퓨터와 관련된 설계와 공학기술에 효과적일 뿐만 아니라 어떤 장애물에도 유용하다. 첫 시도에 완벽함을 기대하면 안 된다. 멈추지 않고 계속 시도해야 한다. 끊임없이 다듬고 개선함으로써 점차적으로 더 나아져야 한다.

문제의 재해석: 이따금 문제를 디딤돌로 만드는 가장 좋은 방법은 단순히 관점을 재조정하여 원래의 문제가 전혀 문젯거리가 아니었던 듯 접근하는 것이다. (앞서 언급한 내용을 생각해보자. 내부 문제는 통제 가능한 것이다. 외부 문제는 통제가 불가능하며, 상황이 아무리 끔찍해도 이 부분에 대해 초조하게 걱정하지 말아야 한다. 앞으로도 내부와 외부라는 단어는 핵심 용어이기 때문에 계속 등장할 것이다.) 이를 잘 보여주는 사례가 바로 에이미 퍼디다. 에이미는 병으로 두 다리를 잃었다. 물론 이는 끔찍한 사건이고 그 누구도 경험하고 싶지 않은 상황이다. 특히 인생 목표가 세계적인 스노보드 선수가 되는 일이라면 더 그러하리라. 하지만 에이미는 문제를 다른 관점으로 보았다. 그녀는 스노보드를 타기 위해 의족을 만들었고 장애인 선수로서 최고의 자리에 서기 위해 노력했다. 또한 자신이 만든 의족을 판매하기 위해 회사를 차렸다. 현재 그녀는 테드 토크Ted Talk(미국의 비영리재단에서 운영하는 강연회-역주)에서 인기 강연자로 유명한데 그럴 만한 이유가 있다. 그녀는 좌절을, 두 다리를 잃는 고통을 극복하고 이를 성공의 기반이 될 기회로 바꾸었다.[3]

직접적인 접근: 때로는 그야말로 압도적인 기관총 사격의 현장으로 들어가는 일이 최상의 방법이 되기도 한다. 특히 측면 공략, 문제 재해석, 문제를 작은 단위로 나누기, 다양한 실패의 반복 등 여러 접근법을 시도해본 후라면 더욱 그렇다. 이러한 직접적인 접근은 에이미 퍼디가 활용한, 문제를 다른 방식으로 바라보는 전략에서 약간 차용된 것이다. 여기서 중요한 점은 문제를 단순히 다른 방식으로 보는 대신 해당 상황을 문제로 아예 인식하지 않는 것이다. 에이미 퍼디는 자신이 처한 상황에서 그렇게 할 수 있었을까? 아니다. 그녀의 현실을 문제가 없는 상황으로 보는 건 어리석고 비현실적인 일이었을 것이다. 하지만 그녀는 그 문제를 긍정적인 방향으로 돌려 해결책의 일부분으로 만들고 자신을 향상시키는 데 활용했다. 그러니까, 문제를 디딤돌로 재해석했다. 그녀는 자신이 하는 일에 탁월해짐으로써 다른 이들에게 문제가 될 만한 상황을 자신에겐 뛰어난 기량을 드러낼 기회로 바꾸는 식으로 문제에 접근한 것이다. (이는 미리 자신의 역량을 위해 필시 엄청난 노력과 인내를 쏟아 부어야 함을 의미한다!)

이 마지막 기술의 좋은 사례는 그 유명한 시스티나 성당 천장화를 그린 미켈란젤로다. 유명한 실패들에 관한 글을 쓰는 마이클 미칼코는 미켈란젤로가 이러한 상황에서 어떻게 업적을 남겼는지 다음과 같이 설명한다.

미켈란젤로의 경쟁자들은 그가 작업에 실패할 가능성이 크다고 보고 그를 실패의 함정에 빠뜨리려고, 혹은 그가 명령받은 작업을 포기하게 만들려고 했다. 그의 경쟁자들은 교황 율리우스 2세를 설득하여 그에게 상당히 힘든 작업을 맡기게 했다. 예배당 천장에 프레스코 화법으로 그림을 그리는 작업이었다. 이 예배당은 이미 재능 있는 여러 화가들이 그린 프레스코화로 화려하게 장식되어 있었다. 그러니 미켈란젤로는 아치형 천장을 장식하라는 의뢰를 받을 터였다. 미켈란젤로의 경쟁자들은 이렇게 되면 조각 작품에 쏟는 그의 열정이 분산될 거라고 생각했다. 그들은 그가 최고의 조각가라는 점을 내심 인정했던 터였다. 그들은 미켈란젤로가 프레스코화를 그린 경험이 없어서 화가로서 미숙하게 작업할 것이 분명하기 때문에 결국 절망감을 느낄 거라고 믿었다. 그들은 미켈란젤로가 라파엘로와 불리하게 비교될 거라고 생각했다. 설령 그가 작업을 성공적으로 끝낸다 해도 강요된 일이었기에 교황에게 성이 날 거고 그러면 어떻게 해서든 그를 제거하려는 자신들의 목표가 성공할 거라고 생각했다. 그러나 미켈란젤로는 그림이 자신의 전문 분야가 아니라고 항변하면서도 그 작업에 착수했다. 이는 어떤 점에서나 힘든 일이었다. 그는 색채를 사용한 적이 없거니와 프레스코화를 그린 적도 없었다. 얼굴을 위로 들고 너무 불편한 자세로 프레스코화를 완성해야 했다. 그 결과 시력이 심하게 손상되어 고개를 뒤로 젖히지 않으면 글을 읽거나 그림을 볼 수 없었는데 이러한 상태가 몇 달 동안 지속되었다. 미켈란젤로는 그 불편한 곡선 공간에 천지창조에서 선조들과 예수의 제자들에 에워싸인 노아에 이르기까지 지구의 역사를 묘사했고 마지막에는 영혼의 해방을 표현했다. 미켈란젤로의 적들이 배후에서 조종하여 그리게 된 이 걸작으로 그는 빠른 시간에 당대의 천재 미술가로 자리 잡았다.[4]

미켈란젤로는 성공을 향해 끊임없이 반복하지 않았다. 문제를 재고하지도 않았고 문제를 극복하고자 측면 공략을 쓰지도 않았다. 문제를 작은 부분들로 나누지도 않았다. 그는 순전히 노력과 기술의 (기술은 노력으로 증가된 능력의 산물이며, 장기적으로 볼 때 노력을 두 배로 가치 있게 한다는 점을 뒤에서 설명할 것이다!) 힘으로 실패를 위한 계략을 완전하고 영원한 승리로 바꾸었다.

당신도 그렇게 할 수 있다. 문제가 크든지 작든지 간에 측면 공략, 문제의 재해석, 문제를 작은 단위로(통제 가능한 부분과 불가능한 부분으로) 나누기 같은 기술들을 시도해보자. 만일 이 모든 것이 실패하거나 스스로 역량이 뛰어나서 직진해도 된다는 점을 안다면 직접적인 접근법을 쓰면 된다.

때로는 명상으로

이 가운데 어떤 기술을 쓸지, 혹은 어떤 기술들을 조합해서 쓸지 판단하려고 한다면 맨 처음 문제에 직면했을 때 생각을 정리하는 일이 도움이 된다. 디팩 초프라는 장애물에 대해 생각하고 이를 극복하기 위해 다음의 명상 과정을 제안한다. 이러한 명상 과정은 평정심을 가지고 창의적으로 문제를 시각화하는 단계로 나아가는 데 도움이 된다. 초프라는 "자기 성찰을 위한 각각의 질문으로 넘어갈 때마다 묵상을 위한 1, 2분을 자신에게 허용하라"고 제안한다. 그리고 마지막에 마음에 떠오른 해결책이나 느낌을 수첩에 적으라고 제안한다. 그가 제안한 단계들은 다음과 같다.

- 편안하게 앉아서 눈을 감는다.
- 코를 통해 깊은 숨을 천천히 들이쉬고 내쉰다.
- 숨을 내쉴 때마다 어깨의 긴장을 풀고 상체를 편안하게 한다.
- 자신의 삶에서 장애물이 존재하는 영역을 인식한다.
- 이 장애물이 언제, 어디서, 어떻게 시작되었는지 생각한다.
- 누가 혹은 무엇이 문제를 일으켰는지 자문해본다. 장애물이 존재할 때 어떤 생각과 감정이 두드러지는가?
- 이제 이 장애물에서 비롯된 손실을 생각해본다. 이 장애물은 삶

에서 자신이 되고 싶은 대상이 되고, 원하는 일을 하고, 원하는 것을 갖는 데 어떤 영향을 끼치는가? 이 장애물은 자신의 주변 사람들에게 어떤 영향을 끼치는가? 여기서도 부정적 시각화가 유용할 수 있다!

· 다음으로, 만일 이러한 장애물을 극복하고 힘차게 전진할 수 있다면 무엇을 얻을 수 있을지 생각해본다. 여기서는 긍정적 시각화를 한다!

· 지인 가운데 이미 이러한 유형의 장애물을 극복한 사람을 생각해본다. 누구인가? 그 사람은 어떤 접근법을 썼는가?

· 어떻게 지금까지 해온 방식과 다르게 일을 할 수 있을지 생각해본다. 다른 사람들이 썼던 접근법도 좋다. 이것은 언덕에 이르는 측면 공략과 비슷하다!

· 이제 창의적인 해결책이 나오도록 유도한다. 장애물을 가장 잘 처리하고 극복하는 방법에 대한 지침을 자아나 우주에 요청한다.

· 이제 자신의 삶에서 장애물이 사라지고 자신이 그린 삶 속에 서 있는 모습을 상상해본다.

· 이러한 장애물이 사라진 상태에 대해 마음으로 긍정적인 묘사를 (이미지, 소리, 느낌으로) 한 후 몇 분 동안 조용히 묵상을 하고 명상에서 천천히 빠져나온다.[5]

이렇게 명상하는 방식으로 자신의 장애물에 대해 생각하고, 스토아 철학에 기반한 다른 기술들을 문제 접근에 적용하고 나면 문제가 더는 위압적으로 보이지 않게 된다. 창의성이 있으면 문제를 하나의 기회로 보고, 심지어 즐겁게 문제에 접근할 수 있다. 평정상태일 때 두려움 없이 의사 결정을 내리고 전진할 수 있다. 내가 고등학생 시절 과외를 받았을 때나 에이미 퍼디가 신체적 한계를 극복했을 때처럼 당신도 문제를 새로운 시각으로 보면 이전에 상상하지 못한 성공의 영역에 들어가는 문을 열게 될 것이다.

문제가 까다롭고 재미없는 방식을 써야 할 것처럼 보이지만, 스토아 철학에 기반한 태도로 접근할 때 실제로 성공과 기쁨이라는 결실을 맺게 된다. 윌리엄 어빈은 이렇게 쓰고 있다. "혹여 누군가는 최악의 상황을 생각한다는 이유로 스토아 철학자를 비관주의자로 의심할지도 모르겠다. 하지만 절대 그렇지 않다. 심리학 연구를 살펴보면, 부정적 상황 설정의 규칙적이고 반복적인 실천은 주체를 '완전한 낙관주의자'로 탈바꿈시키는 효과를 보여준다."[6]

우리는 이러한 부정적 시각화와 더불어 앞서 논의한 기술들을 더할 수 있다. 그러니까, 문제에 우회적으로 접근하고, 문제를 작은 단위로 나누며, 재해석하고, 좋은 결과를 향해 끊임없이 반복하고, 그

냥 정면으로 돌진하는 기술을 활용하는 것이다. 이러한 방법들은 스토아적으로 살아가는 사람들에게 낙관주의를 심어준다. 문제를 해결하기 위해 애쓰고 인내심을 발휘하다 보면(이는 뒤에서 논의될, 성공의 두 가지 핵심 요소다) 이러한 노력 속에서 예상치 않게 기쁨과 평정심이 생겨나는 것을 발견하게 된다.

6장

근면과 인내

신체적인 것이든 다른 어떤 것이든 하는 일에 늘 한계를 둔다면 그것은 당신의 일과 삶에 퍼져 들어갈 것이다. 한계란 없다. 고원들만 있을 뿐. 거기에 머물러서는 안 된다. 거길 올라서 넘어가야 한다.

_이소룡

앞서 삶의 장애물이 되는 산, 늪, 강, 숲, 협곡을 성공 수단으로 바꾸는 전략들에 대해 살펴보았다. 이 모든 장애물에 공통적으로 적용되면서도 고원(때로는 무한대로 뻗은 듯 보인다!)을 지나가는 데 필요한 것이 있다. 그것은 우리 스스로가 갖출 수 있는 두 가지 특성이다.

'근면'과 '인내'. 이 두 개념은 서로 다르면서도 연관되어 있다. 이 두 가지가 합쳐지면 하나의 용어로 표현될 수 있다. 바로 '노력'이다. 이 용어는 그 자체로 유용하다. 이 장 마지막 부분에서 이 용어를 진지하게 살펴보려 한다.

근면과 인내의 차이

우선 근면과 인내의 차이점을 알아보는 것이 유용할 것 같다. 근면과 인내가 효과를 내게 하려면 이 둘을 이해하고 함께 적용할 줄 알아야 한다. 두 개념 모두 이해하기 쉬우면서도 실행하기란 쉽지 않다.

실행이라는 측면에서 좀 더 간단한 것이 근면이다. 근면은 '특정한 일에 정신적, 신체적, 혹은 감정적 노력을 얼마나 기울였는가'를 의미한다. 근면은 시간적으로 한정되는 경향이 있어서 일을 하는 한정된 시간 동안 확고하고 열의 있게 노력을 기울이는 것이다.

누구든지 이렇게 할 수 있다. 그리고 대부분의 사람들이 해왔다. 분명 당신은 특정한 일을 완수하기 위해 근면함을 보였던 수많은 예를 떠올릴 수 있을 것이다. 밤늦게까지 불을 밝히고 시험공부를 했던 때. 무언가를 만들거나 마라톤을 하거나 행사를 기획했던 때.

이 모든 일에 어느 정도의 근면함이 필요하다.

반면, 인내는 실행이 비교적 쉽지 않다. 하지만 인내하면 근면의 효과가 확장된다. 가령, 당신은 그저 밖으로 나가 온 힘을 다해 마라톤을 할 수도 있다(근면). 하지만 부상을 피하고 개인적인 기록을 세우겠다는(이는 내적으로 '통제가 가능한' 반면 '마라톤에서 이긴다' 같은 목표는 내적으로 통제가 불가능하다) 생각으로 마라톤을 정말 잘 하려면 많은 훈련이 필요하다. 그러한 개인 기록을 위해 훈련을 하겠다는 목표를 달성하려고 오랫동안 근면함을 보이는 것이 바로 인내다. 이는 다른 문제에도 적용된다. 어떤 행사를 준비하는 데 근면하면 그 행사를 성사시키게 된다. 가능한 최고의 행사를 열겠다는 목표로 오랫동안 근면함을 발휘할 때 인내라는 요소가 개입된다. 여기에는 어느 정도의 훈련이 필요하다. 이는 당신이 더 큰 목표를 달성하는 데 (만일 당신이 열망한다면), 그러니까 최고의 행사 기획자로 자리매김하고 성공적인 사업을 시작하는 데 도움이 된다.

실패하더라도 훌훌 털고 다시 일어나 문제를 다른 각도로 접근하는 능력도 인내에 포함된다. 이는 앞서 설명한 반복 과정에 해당된다. 다음번에는 문제를 측면에서 접근하거나 문제를 작은 부분들로 나누거나 재해석하는 것이다. 그리고 장애물을 극복하는 과정과 능력을 향상시켜 이를 성공을 위한 발판으로 만드는 것이다.

1800년대 후반 사회고발 저널리스트 제이콥 어거스트 리스는 뉴

욕 시의 빈민들 곁에서 일하면서 그들의 사진을 찍은 것으로 유명하다. 그는 인내에 대해 다음과 같이 기술했다. "나는 그 무엇도 도움이 되지 않는다고 느껴질 때 석공을 찾아가 그가 망치로 돌을 두드리는 모습을 가만히 본다. 백 번을 두드려도 돌은 갈라지지 않는다. 하지만 백 번 하고 한 번 더 두드리면 돌이 두 개로 갈라진다. 나는 그 마지막의 두드림이 아니라 그때까지의 두드림이 쌓여서 그렇게 되었다는 걸 안다."[1]

근면은 망치를 두드리는 노력이다. 망치를 돌에 정확한 방식으로, 정확한 각도로 두드리려면 힘과 오랜 시간에 걸쳐 개발된 재능이 필요하다. 하지만 돌은 한 번의 두드림으로 깨지지 않는다.

그렇다면 인내는 깨지지 않는 돌을 보면서 계속 두드리기 위한 확신과 체력과 참을성을 보이는 능력이다. 또한 망치가 이렇다 할 효과를 내지 않을 때 한 걸음 뒤로 물러나 그만두는 것이 아니라 문제를 다른 각도로 보는 능력이다. 이때 중앙을 가르려고 애쓰기보다 부분별로 비스듬히 치면서 작업하는, 측면 공략을 적용해볼 수 있다. 여기서 인내란 실패한 후에도 포기하지 않고 다른 방식으로 다시 망치질을 하는 것이다.

토머스 에디슨은 인내가 무엇인지를 보여준 대표적인 인물이다. 라이언 홀리데이는 이렇게 설명한다. "백열등을 실험하던 사람은 토머스 에디슨 말고도 여럿 있었다. 그러나 6,000가지의 필라멘트

(그 중에는 부하직원의 턱수염으로 만든 것도 있었다)를 일일이 실험하며 성공을 향해 한 발 한 발 나아간 사람은 에디슨 말고는 없었다."[2]

석공의 비유와 고원의 이미지는 근면과 인내에 대해 중요한 점을 시사한다. 흔히 어떤 일을 시작할 때 스스로 동기를 부여하기가 어려울 수 있다. 하고 있는 일의 최종 지점을 보기가 어렵다. 여기서 문제를 통제 가능한 부분과 불가능한 부분으로 나누는 스토아 철학의 중요한 원리가 도움이 된다. 이는 돌을 깨는 단기적인 문제에도, 가능한 한 최고의 석공이 되는 장기적인 문제에도 해당된다. 스스로 통제할 수 있는 부분에 초점을 맞추면 현실적이면서도 동기부여가 되는 목표를 설정할 수 있다. 이로써 우리는 그렇게 안 했다면 하찮고 특별하지 않고 몹시 반복적인 것으로 여겼을 일들에 대해 느끼는 좌절감과 괴로움을 제거하게 된다. 이 일들은 더 큰 목표가 보일 때까지 전문성을 쌓고 인내하기 위해 해야만 하는 것들이다.

재능이 없다는 변명은 하지 말아라

미 항공 우주국를 방문한 존 F. 케네디와 관련한 인상적인 일화가 있다. 케네디는 1962년에 우주센터를 방문하는 동안 한 청소부가 빗자루를 들고 가는 모습을 보았다. 케네디는 (훌륭한 정치인이라면 으레 그렇듯) 그 남자에게 다가가 자신을 소개했다. 뒤이어 이런 질문을 했다. "지금 무얼 하고 계신가요?"

청소부는 대답했다. "네, 저는 달에 사람을 보내는 일을 돕고 있습니다."

청소부가 어떤 야심이 있어서 사람들이 지나간 바닥을 닦고 청소하지는 않았을 것이다. 하지만 그는 분명 자신의 일을(반복적이고 매일 잘 해내려면 인내심이 필요했을 일을) 조직이라는 더 큰 목표와 연결함으로써 스스로가 통제 가능한 부분에 집중했고 그 결과 조직이 효율적으로 기능하는 데 일조했다. 그는 통제 가능한 목표에 집중한 결과 인내할 수 있었고 대통령에게도 깊은 인상을 심어주었다. 그의 이러한 모습은 대통령에게 인내에 대한 영감이 되었을 것이다!

로버트 그린과 피프티 센트는 중요한 기술을 연마하는 데 기초가 되는 하찮고 힘든 노동에 대해 이와 비슷한 견해를 보인다. 그들은 우리가 더 나은 인간이 되기 위해 근면하고 인내해야 할 때 집중을 방해하는 수많은 재미거리에 몰두하는 경향에 대한 이야기로 시작한다. 그러면서 이렇게 쓰고 있다.

오락시간은 일하는 시간보다 더 빨리 지나간다. 따라서 일이 점점 더 느리고 반복적이며 지루하게 느껴진다. 노력을 요하는 힘든 일은 모두 이렇게 재미없고 느린 것으로 간주된다. 이런 경향이 심해지면 인내심을 발휘해 모종의 기술을 숙달하는 데 요구되는 고된 일을 수행하기가 점점 더 어려워진다. 혼자 시간을 보내기 힘들어지고 삶은 필요한 부분(일하는 시간)과 즐거운 부분(기분 전환 및 오락을 즐기는 시간)으로 나뉜다.[3]

근면과 인내심을 발휘하지 않는 또 다른 이유가 있다. 바로 '재능이 없다는 변명'이다. 일반적으로 재능은 좋은 것으로 생각된다. 하지만 흔히 재능은, 혹은 자신에게 재능이 없다는 생각은 시도를 멈추기 위한, 그리고 인내하지 않기 위한 편리한 변명이 된다.

"나한텐 재능이 없어"는 힘든 노력을 하고 싶지 않은 사람들이나 (이런 노력을 개의치 않더라도) 스토아 철학에서 요구되는 대담함으로 문제에 접근하지 않는 사람들이 하는 생각이다. 다른 사람들의 의견과 실패에 대한 두려움이 함께 작용한 결과 이러한 사람들은 '실제로 자신에게 있는' 재능을 발전시키는 데 필요한 노력을(근면과 인내심을) 발휘하지 못한다고 생각한다. 따라서 뭔가에 '재능이 없다'는 변명은 편리하게 작용한다.

프리드리히 니체는 이러한 '재능 부족'이라는 변명을 비난하며 이렇게 쓰고 있다. "우리의 허영심과 자기애가 천재에 대한 숭배를 부추긴다. 천재적 인물을 기적적인 존재로 간주해야 우리 자신을 비교하고, 부족하다고 느끼지 않아도 되기 때문이다. …… 누군가를 '신'

과 같다고 하는 것은 '여기에서는 우리가 경쟁할 필요가 없다'는 점을 의미한다."[4]

로버트 그린과 피프티 센트는 다시 한 번 조언을 한다. "인간의 모든 활동에는 모종의 숙달 과정이 포함되어 있다. 거기에 수반되는 여러 단계들과 절차들을 배우고 점점 더 능숙해지도록 계속해서 노력해야 한다. 이를 위해서는 자제심과 끈기가 필요하다. 반복적인 활동과 느린 속도, 그러한 도전에 수반되는 불안 등을 견딜 수 있어야 한다."[5] 그들은 큰 목표를 마음의 중심에 두라고 말한다. "첫째, 더 큰 목표를 세움으로써 당신의 정신이 고양되어 고되고 힘든 일을 견딜 수 있다. 둘째, 이러한 과업 혹은 기술에 더 능숙해지면서 일이 점점 더 즐거워진다."[6]

앞서 토머스 에디슨과 그의 천재성에 담긴 비결을 살펴보았다. 일부 사람들은 그의 천재성을 재능으로 일축했지만, 이는 주로 대담함과 끈기에서 나온 것이다. 다른 천재들은 어떨까?

아이작 뉴턴. 그는 미적분학과 만유인력 법칙의 창시자다. 세계가 어떻게 돌아가는가에 대한 그의 이론은(뉴턴 물리학으로 알려져 있다) 아인슈타인이 등장할 때까지 이렇다 할 도전을 받지 않을 정도로 영향력이 컸다. 이는 엄청난 재능의 결과일까?

그렇다고 볼 수는 없다. 그의 전기에 이렇게 쓰여 있다. "뉴턴은 1665년에 학사학위를 받은 이후 석사학위를 받으려고 대학에 남았다. 하지만 전염병(흔히 쥐에 의해 퍼지는, 전염성 높고 치명적인 병이었다)이 유행하여 대학이 일시 폐쇄되었다. 그는 울즈소프에 있는 부모님 집으로 돌아가 1666년에서 1667년까지 18개월 동안 지냈다. 그 기간 동안 기본적인 실험을 하고 중력(지구의 질량이 지표 근처에 있는 물체를 끌어당기는 힘)과 광학(빛과 빛이 만들어내는 변화를 연구하는 학문)을 다룰 연구에 대해 생각했다. 이 시기에 뉴턴은 자신만의 미적분(문제를 물리학으로 푸는 데 활용되는 수학의 한 형태) 체계를 발전시켰다."[7]

전염병이 유행하고 석사학위 공부를 지속할 수 없던 상황은 처음엔 난관처럼 보였을 테지만 뉴턴은 이러한 혼자만의 시간을 활용하여 주목할 만한 일을 성취했다. 이는 단순한 재능이 아니었다. 그의 여러 아이디어가 마음에 불현듯 떠오른 것은 아니었다. 로버트 그린과 피프티 센트가 지적하듯, 이러한 여러 아이디어는 전염병으로 말미암은 18개월의 "강제 고립 상태와 반복적인 노동" 기간 동안 발전되었다. 이 기간에 그의 동급생들과 동료들은 "두려움과 권태로 무력했다."[8] 하지만 뉴턴은 "난관을 만났어"라든가 더 심하게는 "내겐 이러한 문제를 해결할 재능이 없어"라고 말하지 않고 근면하고 인내했다. 그 결과 놀라운 결과를 성취했고 과학계와 수학계에 변화를 일으켰다.

재능보다 중요한 것은 노력

근면과 인내가 성취에 얼마나 큰 역할을 하는가에 대한 논의에서 가장 중요한 부분은 앤절라 더크워스가 '그릿grit'(열정이 있는 끈기-역주)에 대한 연구에서 도출한 공식일 것이다. 어려운 공식은 아니지만 그 의미를 깨닫고 이를 삶에 적용하는 사람에게 강력하고 인생을 변화시키는 영향력이 있다.

더크워스는 어떤 목표를 달성하는 과정에서 노력(앞서 근면과 인내를 더한 것이 노력이라고 언급했다)이 재능보다 두 배 더 중요하다는 사실을 발견했다. 더크워스의 공식은 다음과 같다.

재능×노력=기술 [9]

우선 어느 정도의 재능은 있어야 한다. …… 가령, 당신이 설령 원숭이를 타자기 앞에 오래 앉혀놓는다 해도 원숭이가 무작위로 셰익스피어 소네트를 쓰는 과정은 재능이 있는 것과는 결코 같지 않다. 우리에겐 에이미 퍼디처럼 우선 어느 정도의 재능이 있어야 한다. 하지만 성취하는 과정에서 기본 기능을 수행하는 데 필요한 능력을 일부 잃는다 해도 노력과 창의성을 통해 기술을 발전시키고 성공이라 부를 만한 지점에 도달할 수 있다.

기술을 발전시킨 상태에서 나오는 등식은 다음과 같다.

기술×노력=성취[10]

기본적인 수준의 재능을(다시 말하지만 뛰어난 재능이 아니라 어느 정도의 재능을 말한다) 키운 후 여기에 상당한 노력을 기울이면 기술을 발전시킨다. 뉴턴에게 이러한 기술은 수학, 물리학, 방정식에 대한 유창함, 과학이 그때까지 자연현상에 대한 인간의 이해를 어느 지점까지 끌어올렸는가에 대한 이해였다.

하지만 성취에 도달하려면 다시 노력을 통해 이러한 기술을 발전시켜야 한다. 우리는 이 세상의 수많은 기술을 갖출 수 있다. 그러나 이러한 기술을 활용하기 위해 오랫동안 근면하고 인내하지 않으면 결국 낙담하고 만다. 활기 없는 경주마나 열정이나 근성이 없는 미식축구 선수처럼 말이다. 뉴턴의 성취는 수학의 적용과 수학에 대한 이해에서 나왔다. 이는 그가 좀 더 발전된 공식을 도출할 필요가 있다는 점을 알 정도로, 자연계를 더 정확하고 통찰력 있게 기술하기 위해 이러한 공식과 방법론을 활용해야 한다는 점을 알 정도로 깊이 있는 이해였다.

이 부분을 다시 한 번 살펴보자. 성취에는 재능과 노력이라는 두 가지 요소만 존재한다. 기술은 그 과정에서 생기는 부산물이다. 여기서 노력이 두 배 더 중요하다. 물론 당신은 당신에게 재능이 없다고 주장할 수 있다(나는 누군가가 춤을 추자고 청해올 때마다 이렇게 주장할 것이다. 그동안 상당한 끈기를 발휘하며 여러 번 시도해봤지만 이제 나는 내가 몸치라는 사실을 안다). 하지만 당신은 노력을 기울이고도, 두 배 더 많은 노력을 기울이고도 기술을 키울 수 없을지, 그 기술을 목표 달성에 활용할 수 없을지 진지하게 자문해봐야 한다.

더크워스는 이를 이렇게 요약한다. "노력하지 않을 때 당신의 재능은 발휘되지 않은 잠재력일 뿐이다. 노력하지 않을 때 당신의 기량은 당신이 해낼 수 있었지만 하지 않았던 것에 지나지 않는다. 노력은 재능을 기량으로 발전시켜주는 동시에 기량이 결실로 이어지게 해준다."[11]

뒤에서 '멘토십'이라는 주제를 다루겠지만, 인내, 노력, 학습이라는 과정에서 바람직한 멘토십은 상당히 중요하다. 뉴턴의 경우, 케임브리지 대학에서 학부 공부에 어느 정도 숙련되자 독학으로 공부하는 경향을 보였다. 그가 달성한 성취보다 이러한 점이 '천재'라는 용어와 더 잘 어울린다. 하지만 더크워스는 그릿에 대한 연구에서 멘토십 관계가 끈기라는 특성을 발전시키고, 재능을 유전적 특성이 아닌 학습되고 발전시키는 속성으로 생각하는 데 도움이 된다는 점을 발견했다. 더크워스는 이렇게 썼다. "핵가족 밖에는 더 큰 성인 사회가 있다. 성인 세대에게는 다음 세대를 '길러낼' 책임이 있다는 의미에서 우리 모두는 자기 자녀 외의 젊은이에게도 '부모'이다. 우리는 다른 사람의 자녀에게 지지를 보내면서도 요구하는 멘토 역할을 해줌으로써 그들에게 커다란 영향을 미칠 수 있다."[12]

그녀는 다음의 예를 제시하며 현장 연구의 두 참여자, 실비아와 론다가 한 말을 언급한다.

> "사람들은 수학을 하려면 특별한 재능이 있어야 한다고 생각합니다." 실비아가 말했다. "수학에 타고난 재능이 있는 사람과 없는 사람이 따로 있다고 생각하죠. 하지만 론다와 나는 '수학을 공부하는 능력은 사실 개발되는 것이다. 포기하지 마라!'라고 계속 이야기합니다."
>
> "그동안 나도 전부 그만두고 싶을 때도 많았고 수학 연구 대신 좀 더 쉬운 일을 하고 싶을 때도 있었습니다." 론다가 말했다. "하지만 내게 계속하라고 이런저런 이야기와 조언을 해준 사람이 늘 옆에 있었습니다. 누구에게나 그런 사람이 필요하다고 생각합니다."[13]

우리는 근면과 인내로 이루어지는 노력에 대해 무엇을 배웠는가? 첫째, 성취를 달성하는 과정에서 노력은 재능보다 두 배 더 중요하다. 둘째, 노력은 장애물에 정면으로 맞서고 문제 해결의 정체기를 견뎌내는 데 도움이 된다. 셋째, 노력은 학습되는 특성이며 멘토 관계를 통해 연마될 수 있다. 넷째, 이 부분은 아직 다루지 않았지만 다음 장의 주제이기도 한데, 의사 결정 과정에서 노력에는 어느 정도의 자기 수련이 필요하다. 이는 집중하고 생산적인 결과를 내기 위해서다. 자기 수련과 현명한 의사 결정이 없으면 노력은 사소하고 방향이 불분명한 활동들에 낭비된다.

이제 스토아 철학의 근본으로 돌아가 마무리를 하려 한다. 항상 부정적 시각화의 긍정적 측면을 보았던 세네카는 「어머니 헬비아에게 보내는 위로To Helvia」에서 추신으로 인내에 대한 생각을 썼다. "지속적인 불행에는 한 가지 좋은 점이 있습니다. 이러한 불행은 그것이 끊임없이 괴롭히는 사람을 강인하게 만들고서 끝난다는 것입니다."[14]

하지만 인내와 근면을 항상 이렇게 음울한 용어로 살펴볼 필요는 없다. 이것은 최악의 상황을 견디게 도와주는 한 방식이다. 인내와 근면은 긍정적 상황에도 적용할 수 있는 중요한 요소다. 에디슨은 필라멘트를 만들려고 6,000번 시도했고, 뉴턴은 18개월 동안 홀로 연구하면서 여러 가지를 발견했다. 우리는 어떤 일에 근면을 발휘하고 오랫동안 열정과 노력을 기울이면서, 필요하면 개선을 향한 끊임없는 반복 속에 실패도 경험하면서 기술을 발전시키고 목표와 꿈을 성취할 수 있다.

스토아적
마음에 대하여

7장

의사 결정

앞서 우리는 스토아 철학의 기본 원리 몇 가지와 이를 자기 개선을 위해 활용하는 방법들에 대해 살펴보았다. 스토아 철학의 원리들은 난해한 이론으로 구성되어 있지 않으며 견고하고 검증된 실용 철학으로 뒷받침되고 있다. 사실, 스토아 철학에서는 난해하고 일상과 거리가 먼 개념에서 벗어나야 한다는 점이 강조된다. 가령, 플라톤의 '이상적 원형ideal forms'은 멋진 개념이지만 우리가 지금 여기에서 더 나은 인생을 살게 하는 데 그다지 많은 도움이 되지는 않았다. 스토아 철학에서 추구되는 것은 바로 다음과 같은 부분이다. 어떻게 좋은 인간이 되는가, 지상에서 주어진 시간을 어떻게 최대한 활용하는가, 잠재력을 어떻게 최대한 발휘하는가라는 부분이다.

지금까지 우리가 다룬 스토아 철학의 기본 단계들은 줄지어 차례로 전진하며 당신을 자기 개선에 이르는 길로 이끌어준다. 우선, 당신이 통제할 수 있는 부분과 없는 부분을 구분하는 방법을 배워야 한다. 그리고 자기 수련을 해야 한다. 또한, 덕을 갖춘 삶이 무엇인지 이해해야 한다. 행동에 대해 대담함도 키워야 하며, 좌절을 기회로 볼 수 있어야 한다. 마지막으로, 근면과 인내심을 발휘해야 한다.

우리는 이러한 원리들과 이것들이 어떻게 서로 연결되어 있는지에 대해서도 살펴보았다. 가령, 좌절을 기회로 바꾸려면 좌절에 접근하는 방식에 대담할 필요가 있고, 장애물을 자신이 통제할 수 있는지(혹은, 적어도 부분적으로 통제할 수 있는지) 판단해야 한다. 이렇게 해야 좌절에만 빠져 있지 않고 결과가 나올 만한 일에, 근면과 인내를 적용할 필요가 있는 일에 노력과 대담함을 발휘하게 된다.

2부에서는 이러한 원리들을 좀 더 자세히 다루려고 한다. 이 원리들은 스토아 철학에 기반을 둔 충실한 인생, 잘 사는 인생으로 이끄는 방법과 기술, 사고방식을 발전시키는 데 초점을 맞춘다. 이어질 여러 장에서 다루는 주제들은 다음과 같다. 즉, 스토아 철학에 기반한 의사 결정, 멘토십의 중요성, 사실주의, 기민성이다. 이어 3부에서는 스토아적 정신에 대해 다루려고 한다. 진정성 보이기, 과거를 스승 삼아 배우기, 나라는 존재의 사회적 측면 수용하기, 마지막으로 감사에 대해 다룰 것이다.

이러한 주제들은 1부에서 넌지시 언급되거나 자세히 설명되었으므로 다음에 이어질 장들은 마무리 손질, 혹은 당신 안에서 발견한 보석을 다듬을 기회로 생각하길 바란다. 지금까지 기본 원리들을 살펴보았으니 이제 첫 단계들에서 도약하여 스토아적 삶을 실현하게 해줄 요소들을 깊이 있게 살펴보려고 한다.

의사 결정의 나침반

우선, '의사 결정'에 대한 이야기를 나누자면 예술가나 명공의 비유를 다시 들 수 있다. 이번에는 에픽테토스의 비유적 표현을 쓰려고 한다. "목재가 목수의 매개체이고 청동이 조각가의 매개체이듯 당신의 삶은 당신이 삶의 기술을 실천하는 매개체이다"[1] 삶의 기술을 실천하려면 끊임없는 의사 결정이 필요하다. 앞서 살펴보았듯 현명한 결정을 내릴 수 있는 가장 좋은 마음상태는 '평정'이다. 평정심은 스토아 철학에 기반한 삶의 목표이자 보상이다. 이는 3중 보너스와 같다. 목표, 보상, 그리고 더 나은 의사 결정의 촉진제까지 모두 어우러져 있기 때문이다.

앞서 우리는 이러한 평정상태에 있으면 두려움을 없애고 기민해지는 일이 수월해진다고 말했다. 이는 특히 자신의 통제력을 벗어난 문제를(가령, 자신에 대한 타인의 의견) 해결하려고 할 때의 좌절감과 관련된 감정들을 이미 말끔히 없앴을 때 더 그렇다. 이에 대해 마르쿠스 아우렐리우스는 이렇게 말한다. "당신은 외부 사건이 아닌 당신의 마음을 통제할 수 있다. 이를 깨닫는다면 힘을 얻게 될 것이다."[2] 자신의 마음과 인식에 통제력을 발휘할 수 있다는 점은 합리적인 깨달음이자 합리적인 결정이다.

이는 좋은 출발점이다. 하지만 우선 의사 결정에 대해 좀 더 살펴보면서 또 다른 합리성의 요소를 추가해보자. 여기서 제안하는 것은 두려움 없이, 자신이 통제할 수 있는 부분에 초점을 맞추어 의사 결정을 내려야 한다는 점이다. 또한, 의사 결정은 좀 더 큰 목표 체계와 조화를 이루어야 한다.

의사 결정이 목표에 부합하기 위한 기술은 주로 근면과 인내에서 생겨난다. 하지만 의사 결정의 전반적인 효과는 '속도=속력×방향'이라는 등식과 비슷하다. 이 두 요소를 고려하여 현실적으로 생각해보자. 물리적 방향(혹은, 이 경우 도덕적 방향과 의사 결정의 방향)이 확실하게 존재하지 않는 속력은 낭비되는 노력일 뿐이다. 빠르게 움직일 수는 있어도 무작정 달리는 것과 같다. 물 분자는 끓는 정도가 될 만큼 활발하게 움직일 수 있지만 발전기 톱니바퀴를 움직이는 데 이용되지 않으면 이 격렬한 에너지는 쓸모가 없어진다. 공기 중으로

흩어진다. 다시 말해, 당신이나 당신의 목표에 이로운 점을 발생시킬 만한 어떤 일도 일어나지 않는다.

비결은 알다시피 '의사 결정을 목표에 맞추는 것'이다. 이렇게 해야 (만일 이러지 못했다면 활용되지 못하고 허비되었을) 노력은 속도로 바뀐다. 이로써 노력은 성취를 이루는 데 도움이 될, 방향성 있는 힘이된다.

앤절라 더크워스는 이러한 동기 부여 나침반의 바늘에 대해 다음과 같이 설명한다.

> 내가 말하는 열정은 단순히 관심 있는 일이 있다는 의미가 아니다. 그것은 '동일한' 궁극적 목표에 변함없이 성실하고 꾸준하게 관심을 둔다는 의미다. 열정이 있으면 변덕스럽지 않다. 열정이 있으면 매일 잠들 때 생각했던 질문을 잠에서 깬 순간부터 생각하게 된다. 옆걸음질치거나 다른 곳으로 가지 않고 같은 방향을 향해서 한 발짝이라도 더 나아가기를 열망하며 동일한 방향을 향한다.[3]

순간적인 기분이나 변덕스러운 갈망이 아닌 한결같고 장기적인 열정에 근거한 의사 결정을 함으로써 노력을 같은 방향으로 일치시키면 인내심을 발휘하는 데 도움이 된다. 이때 우리는 목표를 마음의 중심에 두게 된다. 더 이상 장애물의 영향을 받지 않는다.

석공이 목표를 생각하지 않고 돌을 두드리며 깬다면 두 개의 작은 돌 이상의 멋진 작품을 만들지 못한다. 하지만 이보다 더 나은 석공이라면, 그러니까 모든 깎고 다듬는 행위를 한 가지 비전과 일치시킨다면, 반복과 노력을 통해 재능을 기술로 숙련시켰다면 이 사람은 미켈란젤로 같은 사람일 것이다. 그의 모든 작업의 방향은 하나의 열정, 혹은 미켈란젤로의 <피에타> 같은 걸작을 향해 있을 것이다. 이는 노력을 성취로 바꾸는 진정한 비결이다. 미켈란젤로 역시 이런 식으로, 즉 노력의 두 가지 적용을 통해 재능이 두 배로 강해지면서 성취를 이루어냈다.

여기서 노력의 두 가지 적용이란 노력을 비전 혹은 목표에 맞추는 것과, 노력을 통해 재능이 기술로, 기술이 다시 성취로 바뀌는 것을 말한다. 미켈란젤로는 프레스코화를 그려야 하는 불편한 상황에 강제로 놓였지만 자신의 재능과 노력을 새롭지만 유일한 비전을 향하도록 재조정한 결과 위대한 업적을 달성했다. 당신이나 내가 이와 비슷한 노력을 기울였을 때 나타난 결과가 시스티나 성당과는 관련이 없겠지만 여기에 적용되는 원리는 똑같다.

의사 결정의 나침반을 설치하고 이것이 가리키는 방향을 따라가야 한다. 통제하지 못하는 부분은 신경 쓰지 말고 통제할 수 있는 부분에 집중하라. 자신이 통제할 수 있는 부분이면서 목표와 일치하고 목표에 더 가까워지게 만들어주는 부분에 좀 더 면밀하게 집중하라.

원숭이의 덫

두려움 없는 마음과 평정심이 있으면 이성의 힘을 적용할 수 있다. 이 두 가지는 무력한 죄책감을 떨쳐내게 하고 목표에서 벗어나지 않게 해주기 때문이다. 따라서 이러한 이성적 사고를 할 상태를 만든다면 오랜 세월 동안 인간의 진화를 이끈 힘을 온전히 활용하는 셈이다.

이성적 사고는 인간과 동물을 구분 짓는 특성이다. 이성적 사고는 우리가 단기적으로는 바람직하지 않아 보여도 장기적으로 결국 바람직한 의사 결정을 하게 해준다.

이를 보여주는 전형적인 예는 로버트 피어시그가 쓴 『선禪과 모터사이클 관리술』에 나와 있다. 그는 장기적 이익을 생각지 못하고 단기적 이익을 합리화하는 원숭이의 무능을 이용한 원숭이 덫을 묘사한다. 올리버 버크먼은 《가디언》지에 실린 한 기사에서 피어시그의 일화를 다음과 같이 요약하고 있다.

덫에는 '말뚝에 묶인, 속을 파낸 코코넛이 있다. 코코넛 안에는 약간의 쌀이 있는데 작은 구멍을 통해 그 쌀을 집을 수 있다.' 원숭이의 손은 그 구멍을 통과할 수 있지만 주먹을 쥐면 손을 다시 빼내지 못한다. '원숭이는 갑자기 덫에 걸리고 만다.' 하지만 어떤 물리적 힘 때문에 그렇게 된 것이 아니다. 원숭이가 덫에 걸린 이유는 인식 때문이다. 예전에 자신에게 유리했던 원리('쌀을 보면 움켜쥐어야 해!')가 치명적인 요소가 되었음을 알아차리지 못한 것이다.[4]

이성적 인간이라면 이 상황에서 어떻게 했을까? 당연히 쌀을 포기했으리라. 둥글게 주먹 쥔 손 때문에 덫에 갇히지는 않았으리라. 하지만 우리가 직면하는 상황들이 항상 이러한 물리적 덫처럼 단순하지만은 않다. 이렇기 때문에 스토아 철학에선 잠시 멈춤, 이성의 창의적 적용, 잠시 시간을 내어 감정의 먹구름을 걷어내고 단기적으로는 끌리지 않는 결정을 내리는 것이 강조된다. 예를 들어, 만일 장기 목표가 살을 빼서 10년 전 모습으로 돌아가는 거라면 의사 결정을 내리는 그 순간에는 쾌락적 측면에서 즐겁지 않더라도(매주 몇 킬로미터씩 조깅하기, 기름투성이인 맛있는 피자 대신 샐러드 먹기) 단기 목표를 넘어 노력해야 한다. 이것이 동물의 단순한 욕구와 충동을 넘어서는 인간의 이성적 행동이다.

여기서 '좋은' 결정과 '안 좋은' 결정을 이성적으로 구분해야 한다. 결코 주관적인 판단이 되어서는 안 된다. "피자는 맛이 좋으니까 피자를 먹을 거야"라고 말하면 안 되는 것이다. 마찬가지로 샐러드는 맛이 안 좋으니까 안 먹겠다고 말하면 안 된다. 이는 목표와 관련이 없는 주관적인 구분이다. 이 상황에서 '좋은'이라는 개념은 이것이 목표에 초점을 둔 노력에 얼마나 부합하는가에 따라 판단되어야 한다. 목표는 여러 가지일 수 있다. 일반적으로 사람들은 단 하나의 목표만 세우지 않기 때문이다. 우리는 부분적으로 겹치는 경향이 있는 삶의 여러 영역에서 경쟁적인 목표들을 세운다. 이러한 목표들 사이의 긴장을 해결하려면 다시 이성을 발휘해야 한다.

이 부분을 자세히 설명해보겠다. 피자와 샐러드 이야기를 계속해보자. 상충된 두 가지 목표가 존재할 수 있다. 첫째는 체중 감량이다. 하지만 첫째 목표보다 더 중요할 수 있는 다른 목표가 있다. 어린 자녀와 즐거운 시간을 보내는 일이다. 그런데 아이가 처키치즈 Chuck-E Cheese(미국의 대형 피자 체인점-역주)에 가고 싶어 한다. 여기서 두 목표는 다른 방향을 가리키고 있다. 처키치즈에 가되 피자를 먹지 않는다? 이것도 하나의 대안일 수 있지만(두 가지 목표를 충족시키는 가장 확실한 방법이지만), 이 상황에서 자녀와의 유대감을 위한 제3의 목표가 존재할 수도 있다.

함께 음식을 먹는 일은 유대감을 느끼는 좋은 방법이다. 반짝이는 조명과 흥미롭고 재미있는 캐릭터가 있어 아이가 좋아하는 장소에서 함께 음식을 먹으면 아이와 유대감을 느낄 수 있다. 그러나 우리는 여기서 우선순위를 분류하고 차례를 매기는 데 마음을 활용해보자. 이러한 상황에서 잠시 멈춰 평정상태가 되면 기민성, 창의성, 그리고 스토아 철학에 기반한 다른 전략을 활용할 수 있다. 몸에 좋은 음식도 제공되고 아이들이 놀 수도 있는 곳이 있지 않을까? (자녀에게 건강하게 먹는 법을 가르쳐준다는 또 다른 목표도 이룰 수 있다!)

가장 뛰어난 무기

위의 예는 우리가 상충되는 우선순위와 조율 사이에서 매일 매 시각 내려야 하는 수많은 선택들 가운데 하나다. 우리는 크고 작은 선택들을 내리는데, 여기서 중요한 점은 방향이 제대로 된 작은 노력으로 큰 목표를 달성할 수 있다는 점이다.

이 모든 것을 분별하려면 슈퍼컴퓨터가 필요하다는 생각이 들지도 모른다. 다행히 우리에게는 현존하는 최고의 슈퍼컴퓨터가 두 귀 사이에 있다. 해마다 놀라운 성능의 컴퓨터가 개발되고 스마트폰, 스마트가전, 스마트하우스, 심지어 인공지능에 장착되지만 여전히 인간의 뇌가 우위에 있으며 이는 오랫동안 지속될 것이다.

최근에 쿼라Quora(질문을 올리면 유저들이 답해주는 웹사이트-역주)에 이러한 글이 실렸다.

> 인간은 패턴 인식, 언어 구사력, 창조적 사고를 포함한 몇 가지 면
> 에서 뛰어나다. 컴퓨터는 패턴 인식에서 빠른 속도로 향상을 보이
> 고 있지만 대부분의 프로그램들은 여전히 어린이의 패턴 인식 능
> 력을 따라가지 못한다. 패턴 인식의 전형적인 예는 얼굴 인식이
> 다. 우리는 다양한 상황에서 얼굴들을 인식할 수 있다. 심지어 나
> 이가 든 얼굴이나 변장한 얼굴, 혹은 얼굴의 털로 가리어진 얼굴
> 도 인식할 수 있다. 컴퓨터는 이러한 인식에 인간만큼 뛰어나지
> 못하다. 인간은 간단한 단계들로 쉽게 나뉘지 못하는 일들을 컴퓨
> 터보다 훨씬 더 잘해낸다. 컴퓨터 공학, 인공지능, 기계 학습 같은
> 분야에선 문제를 컴퓨터가 '소화할 수 있는' '미세한' 덩어리로 분
> 해하는 것을 목표로 삼는다. 그러므로 현재로선 컴퓨터는 정보 생
> 산의 측면에서 미숙한 단계에 머물러 있다. 스스로 정보를 만들지
> 못하기 때문이다.[5]

사실, 최근의 다른 조사 결과를 보면 인간 두뇌의 처리 능력이 예
전에 인식되었던 수준보다 훨씬 뛰어나다는 점을 알 수 있다. 지금
까지 인간 두뇌의 처리 능력은 축삭돌기라 불리는, 각각의 신경세포
에 있는 특정한 부위의 활성도를 합산하여 주로 산출되었다. 사람에

게 자극을 줄 때 축삭돌기가 반짝이는 것을 볼 수 있다. 그런데 각각의 신경세포에는 수상돌기라고 하는 작은 구조들이 수십 개 있는데 이것 역시 반짝인다. 원래 수상돌기는 중계 작용만 한다고 생각되었지만 노스캐롤라이나 대학교 채플힐 캠퍼스의 신경과학자 스펜서 스미스는 이렇게 말한다. "수상돌기에서 관찰된 스파이크spike(짧은 전기 펄스-역주)의 생성은 믿기 어려울 정도였다. 우리가 본 수상돌기의 스파이크는 비유적으로 말해 외떨어진 엄숙한 오벨리스크가 아니라 생성과 멈춤이 있는, 요란하고 역동적인 사건이었다. 뇌의 처리 능력이 우리가 애초에 생각했던 것보다 훨씬 뛰어나다는 점을 갑자기 알게 된 것 같다."[6]

인간에게 이러한 처리 능력이 있어서 다행이다. 이는 인간과 동물을 구분 짓는 측면이다. 이는 우리가 노력을 기울이는 (그리고 바라건대 노력의 방향을 맞추는) 우선순위들의 복잡한 망을 분류하는 데 도움이 된다. 이는 또한 우리가 두려움, 불안, 자신이 통제할 수 있는 부분과 없는 부분에 대한 잘못된 가정을 극복하기 위한 부정적 시각화 같은 구체적인 기술을 활용하게 한다. 이렇게 해야 평정상태에서 멈출 수 있고 즉각적인 만족의 덫에서 자유로워지는 결정을 내릴 수 있다.

이는 스토아 철학에 기반한 삶의 길로, 지금 여기서 행복과 기쁨뿐만 아니라 성취를 이루는 길로 이끄는 결정을 내리는 본질적인 방법이다. 모든 신념 체계가 그러한 잠재력을 제공하진 않는다. 로버트 그린과 피프티 센트는 이렇게 말한다.

> 개인으로서는 문화 전반을 휩쓰는 이러한 환상과 현실 도피의 흐름을 결코 막을 수 없다는 점을 이해해야 한다. 하지만 당신에게는 이러한 트렌드에 대한 개별적인 방벽으로 우뚝 서서 당신 자신을 위한 힘을 창출할 수 있는 능력이 있다. 당신은 세상의 어떤 것보다 위대한 무기를 가지고 태어났다. 그것은 바로 합리적이고 의식적인 정신이다. 여기에는 당신의 비전을 더욱 원대하게 확장하는 힘이 있다. 그리고 이를 통해 여러 사건 속에 숨어 있는 패턴을 구분하고 과거로부터 배우며 미래를 감지하고 외면에 나타나지 않는 것을 통찰하는 특유의 역량을 얻는다.[7]

8장

멘토십

만일 내가 두 사람과 함께 길을 간다면 그들 모두는 나의 스승이
되리니, 한 사람에게서는 좋은 점을 골라서 따르고, 또 한 사람은
거울삼아 좋지 않은 점을 스스로 고치도록 하리라.

_공자

앞서 멘토십이 인내심의 발달에 끼치는 영향에 대해 잠시 언급했
다. 그렇다면 멘토를 어떻게 찾을 수 있을까? 마침내 멘토를 발견했
다면 어떻게 할 것인가?

나의 개인적 경험을 통해 첫 질문의 답을 찾아보려 한다. 여기서
중요한 점 두 가지가 있는데, 멘토를 선택하지 못할 수도 있다는 점

과 때로는 자신이 멘토를 찾고 있다는 점을 스스로 인지하지 못한다는 점이다. 이럴 때는 멘토가 당신을 선택한다. 당신의 삶에 멘토가 갑자기 나타난다면 이렇게 질문해야 한다. '나는 받아들일 준비가 되어 있는가?'

내가 처했던 상황은 이러했다. 수년 전 나는 직장 상사와 의견 충돌을 자주 빚었다. 그의 관리 방식이 마음에 들지 않았기 때문이다. 나는 그가 팀에서 내리는 많은 결정들에 불쾌감을 느꼈다. 나는 상당히 분개했지만 이를 가까스로 통제하며 속으로만 부글부글 끓는 상태를 유지했다. 결과적으로 이는 잘한 행동이었다.

나는 승진을 하면서 전 상사와 비슷한 역할을 맡게 되었다. 그러면서 상황을 보는 관점이 달라지기 시작했다. 전 상사의 결정에 대해 이전과는 다른 관점으로 보기 시작했다. 직위가 낮을 때는 그러한 결정들을 혐오했지만 새로운 직위에서 생각하니 전 상사의 결정들이 좀 더 이해되었다. 그러다가 결정을 내릴 때 그를 보며 관찰했던 부분들을 따라하는 내 모습을 발견했다. 부하직원이었을 때 상사의 결정을 얼마나 형편없다고 생각했는지를 떠올리며 나는 그가 했던 방식을 완화해서 쓸 수 있었다.

나는 나쁜 점들의 영향을 줄이기 위해 약간 조정을 했다. 이렇게 함으로써 공자가 말한 두 스승 사이에 놓인 길을 걸어갈 수 있었다. 그러니까, 한편으로는 모방을 하면서 배우고 다른 한편으로는 피하면서 배울 수 있었다. 그러한 상황을 혐오하는 동시에 관찰했던 경험이 없었다면 나는 비슷한 책임을 맡아 비슷한 결정을 내릴 수 있는 준비가 되어 있지 못했을 것이다. 나는 좀 더 나은 방법이길 바라며 그러한 결정을 내렸다. 내가 공식적으로 "이 사람을 내 멘토로 삼아야겠어"라고 말한 적은 없지만 이 예상치 못한 멘토십은 내가 성공할 수 있는 준비를 시켜주었다.

이는 멘토십과 관련한 스토아 철학의 원리들 가운데 한 가지다. 존경하는 사람뿐만 아니라 자신의 긍정적이거나 부정적인 행동을 판단하는 잣대로 활용하는 사람도 멘토인 것이다.

멘토에게서 무엇을 배울 수 있을까

나의 사례는 긍정적 측면과 부정적 측면을 모두 보여주지만 세네카는 좀 더 전형적인 '긍정적 멘토'에 대해 자세하게 설명한다.

> 삶의 방식, 내뱉는 말, 내면의 인격이 거울처럼 반영된 겉모습에 있어 당신이 인정하는 사람을 선택해야 한다. 그 사람을 항상 당신의 수호자나 본보기로 삼아야 한다. 나는 이것이 우리의 인격을 판단할 수 있는 기준이 될 사람의 필요성을 나타낸다고 생각한다.

이렇게 할 잣대가 없으면 자신의 비뚤어진 부분을 바로 펴지 못한다.[1]

여기서 세네카가 말하는 긍정적 멘토는 분명하다. 그는 따라 할 수 있는 사람을 선택하라고 권한다. 이렇게 할 때 우리는 그 사람의 좋은 특성을 흡수하고 그대로 따라 하기를 원한다.

'하지 말아야 할 것'을 배울 수 있는 부정적 본보기의 경우에도 스토아 철학의 관점에서 몇 가지 추가적인 이점이 있다(인내심을 연마하는 것 외에 말이다!).

이러한 추가적 이점 가운데 첫째는 경험을 바탕으로 상황을 너무 개인적으로 받아들이지 않는 법을 스스로 배우는 것이다. 감정적으로 혹은 정서적으로 휘둘리지 않고 일을 인생의 고귀한 목표들과 분리한다. 아니면 성공하기 위해 상사가 발생시킨 난관을 극복할 방법들을 찾는다. 이러한 두 가지 연습을 하면 나중에 직업과 삶에서 유용한 통찰력과 방편이 생기기 마련이다.

둘째 이점은 왜 전력을 다해 일해야 하는지를 빨리 배운다는 점이다. 이는 특히 '부정적인 상사'가 꼼꼼한 사람이거나 완벽주의자 혹은 성격이 너무 급한 사람일 경우에 그렇다. 일을 이중, 삼중으로 확인해봐야 한다. 상사가 흠을 발견하지 못할 정도로 사소한 부분까지 확인해야 한다. 이러한 정도로 자신을 몰아붙이는 것이 기민성, 창의성, 일과 삶의 균형이라는 측면에서 이상적이지 않을지 몰라도 나중에 유용한 점을 깨닫게 해준다. 바로 탁월함을 향한 자신의 능력을 인지하게 되는 것이다.[2]

부정적이든 긍정적이든 직장이라는 환경에서 멘토와 관련하여 고려해야 할 셋째 사항은 멘토의 동기를 신뢰하는 데 매우 신중해야 한다는 점이다. 데이비드 댈러샌드로는 다음과 같이 말한다. "상사가 대범한 사람이 아니라면 당신이 힘을 갖게 될 때 그는 편집증 증상을 보여 자신의 목 뒤에 당신의 뜨거운 입김을 느낄 것이다. …… 따라서 멘토를 조심하라."[3]

이는 지나친 과장일지도 모른다. 직장에는 인정 많은 상사들도 적지 않다. 흔히 그들은 순수한 호의와 노하우를 물려준다는 생각에 동기부여가 된다. 또한 부하직원들의 잠재력을 끌어내고 그들을 독려하여 팀을 구축해야 한다는, 좀 더 직접적이고 절박한 필요성에 동기부여가 된다. 하지만 이러한 점을 고려해봐야 한다. 당신이 입지를 강화하며 존재감을 드러내면 금까지의 멘토에게 직접적인 위협이 되지 않을까? 만일 그렇다면 당신의 접근법을 검토해봐야 한다. 장기적으로 보면 그러한 멘토 관계가 일시적 승진보다 더 중요할 수 있다. 사실, 당신이 새롭게 갖춘 기술을 차라리 다른 직장으로 옮겨 발휘하는 것이 최선책이 될 만큼 중요할 수 있다. 그러니 그 특정한 상사와 멘토 관계를 유지하며 긍정적인 관계를 이어가고 안전한 거리를 두고 성과를 내는 것이 좋다!

멘토가 해야 할 일

멘토십에서 또 다른 중요한 논점을 살펴볼 필요가 있다. 당신이 숙달 과정에서 거쳐야 할 단계들이다. 우선, 당신이 젊은 사람이라면 반드시 해야 할 것이 '탐구'다. 멘토는 이러한 탐구를 촉진해야 한다. 앤절라 더크워스는 이렇게 말한다.

처음에는 격려가 매우 중요하다. 초보자들이 관심사에 전념하고 싶은지 또는 관심을 끊고 싶은지 여전히 따져보는 중이기 때문이다. 따라서 …… 이 단계에서 마음이 따뜻하고 학생들을 격려해주는 멘토가 특히 훌륭하다고 이야기한다. "이 교사들의 주요한 특징은 초기의 학습을 매우 즐겁고 보람 있게 만든다는 점입니다. 그 영역에 입문시키는 과정에서는 놀이 같은 활동이 많았고 단계 초반에는 학습이 게임과 매우 비슷했습니다.[4]

더크워스의 말이 시사하듯, 탐구와 멘토의 역할은 나중에 전문성을 촉진하는 역할로 전환된다. 이는 재미있는 활동, 온정, 지원, 격려, 지지를 통해 이루어진다. 멘토는 멘티가 무엇을 좋아하는지 찾아서 이를 지지하고 멘티에게 무엇이 동기부여가 되는지 알아봐야 한다.

다음 단계는 실행을 돕는 일이다. 멘토십은 단순히 '1만 시간의 법칙'을 권장하는 것이 아니다. "더 많은 시간은 물론 양질의 시간도 권장해야 한다."[5] 성공적인 기업가 제임스 알투처는 이렇게 말한다. 만일 멘토가 당신에게 실행을 권장하는 과정에서 자신의 방식대로 하기를 원한다면 "일단 그 사람의 방식을 배워라. 그리고서 당신의 방식으로 행하면 된다. 정중하게 말이다. 그 누구도 당신 머리에 총을 겨누진 않을 것이다. 설령 그렇다 해도 그 총이 거두어질 때까지만 그 사람의 방식으로 행하면 된다."[6] 여기서 자기 수련을 위한 실행의 두 단계가 명확해진다. 우선, 상사와 멘토의 기준을 익히도록 자신을 단련한다. 그렇게 한 후 업무를 스스로 규정하고 더 잘하는 방법을 배우는 것이다.

당신이 이러한 의미 있는 반복을 1만 번 하게 되면 멘토의 역할은 다시 변한다. 이 마지막 단계의 멘토십에서 최상의 방법은 멘토가 공명판과 도덕의 나침반 같은 역할을 하는 관계를 형성하는 것이다. 여기서 멘토는 유용하다. 탁월함을 향한 자기계발의 단계들은 이렇게 진행되기 때문이다. "대부분의 사람들은 먼저 자신이 좋아하는 일에 끌리고 나중에야 이러한 개인적 관심사가 어떻게 타인에게 유익힐 수 있는지 인식한다. …… 상대적으로 자기중심적인 관심에서 출발해 절제하며 연습하는 법을 배우고 마지막에 타인 중심의 목적으로 통합되는 순서가 일반적이다."[7] 이 마지막 단계에서 멘토는 공명판과 도덕적 나침반 역할을 함으로써, 자기 수련이 된다 해도 자기 본위적인 실행에서 벗어나 도덕적 관련성과 목적이 있는 방향으로 이끌어준다. 또한, 멘토는 우리가 하는 일에 단순히 낭비된 속력이 아닌 도덕적 속도가 생기게끔 노력을 목표에 맞추도록 돕는다.

이따금 한 사람이 멘토십의 이 모든 역할들을 이행하기도 한다. 가령, 재능 있는 스케이터를 발견하고, 우승자가 되는 데 필요한 기간 동안 이 스케이터를 훈련시키고, 나중에 이 선수가 코치나 방송 진행자가 되거나 스케이팅 스쿨을 설립할 때 가이드를 해주며 장기간 지도하는 피겨스케이팅 코치가 그렇다. 하지만 우리가 성장하고 배우고 성숙해짐에 따라 달라지는 필요 사항을 충족시켜주는 멘토가 시기별로 다른 경우가 훨씬 흔하다.

이러한 사례를 한 가지 소개해보겠다.

빌 클린턴 전 대통령은 자신의 삶에서 중요한 인물로, 미국적 가치의 중요성을 가르쳤던 조부모와 한 대학교수를 떠올렸다. 하지만 그는 자신에게 최고의 조언을 해준 사람은 넬슨 만델라였다고 말한다. "만델라는 27년의 감옥살이를 하고 나왔을 때 감옥에 들어가기 전보다 더 강인하고 위대한 사람이 되었다." 클린턴은 이렇게 썼다. "만델라는 그를 괴롭히는 사람들이 모든 걸 빼앗아도 '나의 정신과 마음을 빼앗진 못한다는 사실을 깨달은 순간 나의 변화가 시작되었습니다. 나의 정신과 마음을 빼앗길 수밖에 없는 상황이었지만 나는 그러지 않기로 결심했습니다. 당신도 그러해야 합니다'라고 말했다."[8]

여기서 클린턴은 처음 그를 격려하고 도움을 준 이가 조부모와 한 대학교수였다고 언급한다. 그들은 정치와 미국에 대한 클린턴의 관심을 북돋웠다. 그가 관직에 오르는 데 도움이 될 가치관들에 대해 조언을 해주었다. 하지만 나중에 클린턴은 만델라를 만나 그의 조언을 들은 이후 시련과 고난을 겪을 때마다 만델라가 보여준 방향성과 격려를 생각하며 자신의 신념을 재확인했다. 만델라처럼 클린턴도 미국의 가치에 대한 자신의 지지, 관심, 옹호를 지속하겠다는 힘을 얻었다. 이는 누군가가 앗아갈 수 있는 것이 아니기 때문이다.

실패해도 다시 일어서게 돕는다

이제 멘토가 도울 수 있는 마지막 한 가지 측면을 살펴보려 한다.

누구나 길을 가다가 휘청거리기도 하고 넘어지기도 한다. 클린턴이 임기 중에 휘청거린 것은 분명하다. 하지만 그는 다시 공무로 돌아와 자신의 신념, 아내를 위한 선거운동, 그밖에 여러 가지 대의를 위해서 일했다.

앤절라 더크워스는 이것이 단순히 시련을 직시하는 문제일 뿐만 아니라 넘어지고 떨어지고 뒤집히는 등의 상황에서 살아남는 문제이기도 하다는 점을 깨닫고는 자신의 '그릿 척도Grit Scale'에 대한 생각을 바꾸었다. 그 계기는 한 조사 대상자가 이런 말을 했을 때였다. "(설문지에 있는) '나는 실패해도 낙담하지 않는다'는 문항이 마음에 들지 않습니다. 그건 말이 안 돼요. 실패했는데 낙담하지 않을 사람이 어디 있어요? 나는 낙담이 되던데요. '나는 실패해도 오랫동안 낙담하지 않고 다시 일어선다'로 고쳐야 한다고 생각합니다."[9] 멘토십에 대한 우리의 논의에서 더 중요한 사실은 그 조사 대상자가 "혼자서는 다시 일어서지 못할 뻔했다는 것이다. 그녀는 희망을 지키기 위해 도움을 청했다."[10]

유명 배우 제임스 얼 존스는 누군가 자신을 몰아붙이고 마음을 괴롭게 했으나 다시 일어나 그러한 경험을 난관을 극복하는 데 활용한 일화를 제시한다. 그는 자신이 말을 더듬는다는 사실을 발견한 크라우치 교수를 떠올리며 이렇게 쓰고 있다.

선생님은 내가 언어를 그렇게 좋아한다면 왜 큰 소리로 낭송하지 않느냐고 물으셨다. 어느 날 나는 내가 쓴 시를 보여드렸다. 그러자 선생님은 내가 썼다고 하기엔 시가 너무 훌륭하다며 누군가의 작품을 베낀 것 아니냐는 반응을 보이셨다. 그러면서 내가 표절하지 않았음을 증명하기 위해 시를 반 친구들 앞에서 암송해보라고 하셨다. 나는 더듬거리지 않고 그 요청대로 했다. …… 내 자신을 편안하게, 큰 소리로 표현하는 방법을 배우면서 자신감이 증가했다.[11]

제임스 얼 존스가 교실 앞에서 자신의 말더듬을 직면하고 극복해야 하는 강제적 상황에 직면하지 않았다면 다스 베이더(<스타워즈>에 나오는 인물-역주)의 목소리를 연기하거나 <꿈의 구장>에서 작가 역할을 할 수 있었을까?(이 외에도 빛나는 연기들은 아주 많았지만.) 이는 알 수 없는 일이다. 여기서 우리가 판단할 수 있는 사실은 존스가 희망을 잃었던 것 같은 시기에 한 멘토가 밀어붙였던 그 사건이 자신의 성공에 어느 정도 일조했다고 생각한다는 점이다.

스스로 멘토가 되다

멘토십의 마지막 단계는 스스로 멘토가 되는 일이다. 이 단계가 꼭 순차적으로 찾아오는 것은 아니다. 우리는 각기 다른 단계에서 여러 가지 일들이나 상황에 숙달된다. 우리가 어느 정도 높은 수준의 숙달 상태에 도달했다고 느끼지도 않는데 누군가는 우리 자신, 우리의 기술, 문제나 삶에 대한 우리의 접근법을 보고 가르침을 얻고 고무될 수 있다.

나의 옛 상사의 예를 다시 들어보자.

그는 모든 것을 파악했다고 생각했을까? 때로는 확실히 그런 식으로 행동했다. 하지만 지금 그의 입장이 되어보니 꼭 그렇지만은 않았을 것이라는 생각이 든다. 그는 엄포를 놓은 건지도 모른다. 자신의 결정들에 확신을 하지 못했을지도 모른다. 내가 갈수록 영향력 있는 역할을 맡았을 때 내렸던 수많은 결정들에 확신을 하지 못했던 것처럼 말이다. 하지만 그는 부지불식간에 내게 멘토 같은 사람이 되었다.

멘토가 되려면 실제로 세 가지만 필요하다. 첫째, 특정한 견해나 경험이다. 심지어 아주 새롭고 피상적인 견해나 경험일지라도 유용할 수 있다. 둘째, 기꺼이 받아들일 준비가 된 사람이다. 그 사람은 공식적인 코칭 과정에 임하기 위해 멘토에게 직접 다가갈 수도 있고 멀리서 멘토를 그저 관찰할 수도 있다. 셋째, 멘토가 자신의 시간, 에너지, 노력을 기꺼이 베푸는 마음이다.

찰스 부코스키는 이렇게 쓰고 있다. "당신은 한 번에 한 사람을 구함으로써 세상을 구하기 시작한다. 그 외의 모든 것은 거창한 낭만주의나 정치다."[12]

사실주의

        이 장에서는 스토아적 원리와 스토아적 미덕을 갖춘 삶을 이끌어간다는 의미에서의 '사실주의'를 논의하려고 한다. 몇 가지 기본적인 것들은 앞서 이미 다루었다. 가령, 잠시 멈춰 현실적으로 자신의 통제력 내에 있는 것을 생각하는 일의 중요성, 현실적으로 통제 가능한 일들에 집중함으로써 자신의 노력을 더 생산적으로 만드는 방법 등이 그것이다.

  여기서는 한 단계, 아니 몇 단계 더 깊이 다루려고 한다. (그렇지 않고서야 이 주제에 한 장을 할애할 이유가 있겠는가?) 우리는 모호한 상황과, 인간으로서 느끼는 객관적 인식의 어려움에서 비롯된 혼란스러운 상태에서 사실을 분석한다는 측면의 사실주의에 초점을 맞출 것이다. 하지만 이렇게 하는 이유를 기억하는 것이 좋다. 이는 단순한 사고실험이 아니다. 이는 현실이란 얼마나 알 수 없는 것인가, 객관적 진실과 주관적 인식을 구분하는 것이 얼마나 어려운가에 대한 학문적 논의도 아니다. 이 모든 학문적 담화는 바람직하고 좋은 것이다. 하지만 이론은 우리가 통제할 수 있는 상황과 통제할 수 없는 상황을 이해하는 능력을(그리고, 귀중한 시간과 노력을 어디에 쏟을 것인가와 이 부분과의 상관성에 대한 이해력) 촉진한다는 목적과 연결되어야 한다. 그래야 우리는 지금 이 세상에서 바람직하게 사는 방법에 대한 전략에 도달하고 그 전략을 개선할 수 있다. 바람직하게 살고 덕을 갖춘 인생을 사는 것은 스토아 철학에 기반한 삶을 추구할 때 누리는 이점이다.

본질에 초점을 맞춰라

덕 있는 인생을 사는 것은 현실 중심적인 인생을 사는 것이다. 따라서 이제 사실적 관점을 어떻게 형성하는가라는 문제를 다루려고 한다. 그루초 막스가 좋은 출발점이 될 것 같다. 그는 "당신은 당신의 거짓된 눈과 나, 둘 중 무얼 믿겠는가?"라는 유명한 말을 남겼다.

물론 농담으로 한 말이었다. 하지만 본질적으로 인식의 문제는 우리가 매일 직면하는 일이다. 우리는 항상 인지하진 못하지만 한 인간으로서 매우 높은 오인율을 경험한다. 그리고 세상을 대할 때 이러한 오인을 투영한다. 가령, 범죄와 증언을 다룬 한 기사에 다음과 같은 설명과 함께 이 비율이 수량화되어 있다. 목격자 증언은 법적 소송 사건에서 흔히 결정적 요인이고 배심원단과 판사들은 이를 상당히 믿을 만한 증거로 보지만, 사실 목격자의 상황에 내재된 오인 때문에 이러한 증거는 믿을 만한 유형이 되지 못한다. 구체적 증거와 모순되는 경우가 흔하다는 설명이다.[1] 이는 우리가 타인의 인식을, 그 반대의 증거에도 불구하고 실제 사실보다 더 진실하고 더 사실인 것으로 판단한다는 점을 말해준다.

바로 이 점이 문제다. 스토아 철학자들은 이러한 문제에 대해 깊이 생각했으며 글을 남겼다. 라이언 홀리데이는 이렇게 말한다. "겉으로 드러나는 모습에 속으면 안 된다. 중요한 것은 속이다. 우리는 환상을 걷어내고 다른 사람들이 믿는 것 혹은 두려워하는 것을 다른 각도에서 바라보는 방법을 배워야 한다. 앞에 가로놓인 '문제'를 문제로 인식하지 않는 방법을 배워야 한다. 외관이 아니라 본질에 초점을 맞추는 방법을 배워야 한다."[2]

이는 겉으로 드러난 인식 문제와, 세상을 객관적이고 사실적인 측면에서 생각하는 것이 얼마나 중요한가라는 문제를 다룬 것이다. 우리는 이렇듯 겉으로 보이는 상대방의 인식을 바탕으로 결정을 내린

다. 만일 우리가 스토아 철학에 기반한 행동을 한다면 외부적 사건
들에서 얼마나 많은 부분이 우리의 영향력과 통제력 범위에 있는지
를 바탕으로 판단을 할 것이다. 따라서 우리가 현상을 정확히 인식
하는 데 한계가 있음을 인지하고 잠시 멈춤과 평정심을 활용하여
불완전한 인식의 베일을 걷어내려고 노력해야 한다. 이는 더 나은
선택을 하는 데 큰 도움이 된다.

하지만 이는 외적인 측면이다. 나머지 절반에 해당하는 다른 측면
도 있다. 이와 똑같이 객관적이고 사실적으로 자기 자신, 자신의 욕
구, 자신을 바라보는 인식에 대해 생각하는 방법을 배우는 것이다.
세네카는 내면의 자아에 대해 생각하는 과정에서 사실주의를 적용
하는 스토아 철학의 방식에 대해 다음과 같이 언급한다.

'잘못에 대한 자각은 구원의 첫 단계다.' 나는 에픽테토스의 이 말
을 아주 좋아한다. 자신이 나쁜 행동을 전혀 하지 않는다고 생각
하는 사람은 잘못을 바로잡겠다는 바람이 없는 것이다. 우선 자신
이 잘못을 저지르는 것을 인지해야 이를 개선할 수 있다. 어떤 사
람들은 자신의 실패를 자랑한다. 자신의 결점을 장점으로 생각하
는 사람이 잘못을 바로잡을 생각을 하겠는가? 따라서 최선을 다
해 자신의 잘못을 입증하고 자신에 대한 모든 증거를 스스로 조사
해야 한다. 우선 검사의 역할을, 이어서 판사, 마지막으로 변호사

자기 자신, 자신의 동기, 세상을 바라보는 자신의 인식을 냉정하게 살펴보는 과정은 자기인식으로 이어진다. 이러한 과정은 끔찍한 고문처럼 매일 자신에게 하기엔 어려운 일처럼 보인다. 여기서도 스토아 철학이 음울하고 재미없는 인생과 관련이 있다는 오래된 오해를 떠올릴 수 있을 것 같다. 하지만 사실주의와, 자신과 세상을 인식하는 능력과 자아를 숙고하기 위한 잠깐의 멈춤은 유용할 뿐만 아니라 기쁨을 증진시킨다.

한 예로, 모욕에 반응하는 스토아 철학의 기술 한 가지를 살펴보자. 이 기술은 특정한 자기 이해나 사회 전반에 대한 특정한 지식이나 객관적 지식이 필요하지 않다. 하지만 허점이 있는 외부 인식과 명확한(적어도 어느 정도는 명확한) 자기인식에 의존하여 유머의 갑옷을 자신의 방어막으로 구축한다.

에픽테토스는 이 기술을 이렇게 설명한다. "만일 누가 당신에 대해 안 좋게 말하는 것을 듣는다면 자신을 변호하는 대신 이렇게 말해야 한다. '그 사람은 분명 나를 잘 모르는군. 그것 말고도 내 단점은 아주 많은데 말이야.'"[4]

표현을 바꾸어 써도 된다. 그러면 웃음을 자아내고 분위기가 누그러져 당신을 경시했던 사람과의 관계에서 형세가 바뀔 것이다. 당신이 좀 더 객관적 수준의 자기인식을 키웠다면 반응을 더 구체적으로 할 수 있다. 가령, 만일 누군가가 당신에 대해 공정하지 않거나 사실이 아닌 말을 한다면 실제로 당신의 몇 가지 구체적인 단점을 지적하며 맞받아친다. 이는 에픽테토스의 기술에 구체적인 자기인식과 자기 이해가 더해진 것으로 직장동료, 부하직원, 심지어 가족에게도 분명 효과가 있다. 이런 식으로 말해보라. "맞아요, 그가 저에게 문서 업무에 약하다고 해요. 맞는 말이에요. 하지만 정말 자세히 관찰했다면 제가 사람들에게 말을 잘 못 걸고, 긴장을 잘하고, 무대공포증도 있고, 이 회사 홍보 관리자로 채용되지 말았어야 하는 걸 알 거예요." 사람들은 이 소리에 웃음을 지을 것이다. 만일 당신이 실제로 일을 잘하고 홍보팀을 잘 이끌어가며 말도 잘 한다면(심지어 그저 그런 정도로 한다 해도) 특히 더 그럴 것이다. 동료와 친구들은 그러한 당신의 반응에 내재된 겸손과 자기인식을 인정하고 당신을 더욱 친밀감 있게 여길 것이다.

철학자 소크라테스와 형사 콜롬보

데이비드 댈러샌드로는 이렇게 말한다. "조직의 리더는 정치가와 마찬가지로 자신의 인간성을 입증해야 한다. 그렇지 않으면 최소한 자신이 현실에서 분리되어 있지 않아서 훌륭하게 업무를 수행할 수 있음을 입증해야 한다."[5] 공격적이고 방어적인 방식보다 유머감각과 자기인식이 내포된 방식으로 비난을 언급하고 숙고할 때 우리는 서로의 고통과 취약성에 마음 문을 열고 신뢰를 형성하게 된다.[6] 이럴 때 우리는 어느 상황에서든 유머와 겸손을 보일 수 있다는 점을 친구, 동반자, 동료에게 보여주게 된다. 이는 사실주의를 우리의 말, 행동, 리더십에 적용할 때 필연적으로 나타나는 현상이고 이점이다.

이 부분을 한층 더 깊이 있게 살펴보면서 소크라테스와 콜롬보에 대한 이야기를 해보자.

그렇다. 유명한 철학자 소크라테스와 1970년대 시트콤에 등장하는 형사 콜롬보. 언뜻 보기에는 그럴 것 같지 않지만 이 두 사람은 공통점이 있다. 자기 자신을 이해하고, 진실을 밝히는 데 오인이라는 청중(시청자)의 인간적 요소를 이용한다는 점에서 그렇다.

팀 딜레이니와 팀 매디건은 형사 콜롬보라는 캐릭터를 이렇게 설명한다.

…… 피터 포크의 연기는 훌륭했다. 지저분한 레인코트, 헝클어진 머리칼, 잔소리하는 아내, 그의 건망증은 우리가 사랑하는 우상의 중요한 부분이었다. 팬들이 기억하는 콜롬보는 전형적인 추리물은 아니었다. 시청자들은 처음부터 살인범의 신원을 알았다. ……

콜롬보 형사가 어떻게 살인범을 찾아내서 자백하게 만드는가에 대한 기대가 이 드라마의 묘미였다. 대부분의 경우 오만한 살인범들은 콜롬보의 수사력을 과소평가한다. 그는 '허술하게 보임으로써' 살인범들을 일부러 안심하게 만든다. 그들은 본인도 모르는 사이에 중요한 단서를 형사에게 준다. 이 형사가 상대방을 가장 짜증나게 하는 방법은 방을 나갔다가 어리둥절한 표정으로 다시 돌아오는 것이었다. 그는 머리를 긁적이며 "딱 한 가지만 더요"라고 말한 뒤 별 의도 없어 보이는 질문을 한다. 이때 살인범은 이 성가신 형사를 빨리 내보내고 싶은 마음에 바로 대답을 해버린다. 하지만 나중에 그것이 그렇게 순진한 질문이 아니었음을 깨달을 때 콜롬보 형사가 찾아와 이렇게 말한다. "당신을 체포합니다."[7]

콜롬보는 혐의자의 오인, 즉 겉모습만 보고 그 사람을 판단하는 태도를 자신에게 유리하게 이용했다. 이는 사람을 자세히 들여다보는 일의(지저분한 겉모습과 갈팡질팡하는 행동만 본 범죄자들은 이렇게 하지 못했다) 중요성을 드러낼 뿐만 아니라 주변 사람들에 대한 인식이 얼마나 큰 영향을 끼치는지 보여준다. 이는 사람들에게 일부러 다른 성격과 모습을 보여서 자신에 대해 사실이 아닌 것을 믿게끔 속여야 한다는 의미가 아니다. 그보다는 에픽테토스가 설명한, 모욕을 받아넘기는 방법을 쓸 수 있는 상황에 대한 인식력을 키워야 한다는 의미다. "내가 ……를 얼마나 못하는지 당신이 알면 좋으련만."

요컨대 당신이 믿는 사람들의 현실 인식이 실제로는 그들의 생각이 아닐 수 있다는 점을 알아야 한다. 당신은 콜롬보처럼 필요하다면 이를 당신에게 유리하게 이용할 수 있다. 하지만 우선 그것을 어떤 방식으로든 이용하기 전에 당신의 깨달음과 사실주의를 당신 자신과 주변 세상을 분석하고 제대로 아는 데 깊이 활용할 필요가 있다.

그게 소크라테스와 무슨 관련이 있다는 건가. 저 멀리서 당신의 질문이 들려온다. 팀 딜레이니와 팀 매디건은 이렇게 말한다.

> 여러 가지 면에서 콜롬보는 현대판 소크라테스다. 소크라테스 역시 허름한 차림새, 잔소리하는 아내 크산티페, 산만한 행동방식으로 유명했다. 하지만 더 중요한 사실은 …… 콜롬보의 수사 기법과 소크라테스의 진실 발견 방식에 많은 유사점이 있다. 둘 다 정중하지만 집요했다. 또한, 일반적으로 숨길 것이 없는 사람들은 그들의 동석을 좋아했고, 상대방이 자신의 알리바이를 조사하거나 모르는 것을 캐묻는 걸 원치 않은 사람들은 그들에게 격분하거나 난폭한 위협을 가했다. 갑자기 소크라테스는 더 이상 당혹스러운 인물로 보이지 않았다.[8]

소크라테스는 자신의 겉모습을 이용해 함께 토론하는 사람들의 기대감을 낮췄다. 그는 해답을 아는 상태에서 그들에게 접근하는 것을 원치 않았다. 그는 대화를 이끌고, 토론하는 사람들로부터 진실을 끌어내는 방법으로 해답을 찾고 철학과 진실을 얻으려 했다. 그는 자신이 추구하는 사실과 진실을 이미 인지했을지도 모르지만 대화상대를 이중으로 놀라게 했다. 소크라테스가 사람들에게 깨닫게 해주려고 하던 진실이 오인의 베일 뒤에서 나타난 순간 그의 기량이 부족하다는 착각 역시 사라졌던 것이다.

거리를 두고 마음을 가라앉혀라

형사 콜롬보와 철학자 소크라테스 모두 충분한 자기인식이 있었기에 타인에게 보이는 자신의 모습을 조절할 수 있었다. 그들은 타인으로 하여금 오인을 파헤치고 이러한 오인에 발이 걸려 넘어지게 만들면서 진실을 드러냈다. 진실이 바람직한 것이라면 이 방법도 바람직한 것이다.

하지만 스토아 철학에서는 이와 다른 수준의 사실주의도 추구된다. 선악을 분별하는 능력을 키우는 것이다. 선을 분별하는 능력을 키우지 못한다면 어떻게 스토아 철학에서 요구되는 바람직한 인생과 '덕을 갖춘 인생'을 살겠는가?

하지만 이상하게도 이러한 수준의 사실주의를 추구할 때 출발점은 '선'과 '악'의 구분표를 만드는 일이 아니다. 이러한 출발점에는 전혀 다른 유형의 통찰력을 적용하는 일이 포함된다. 이는 부정적 시각화가 처음에는 부정적으로 보이지만 나중에는 우리가 그동안 생각지 못했던 긍정적 평가와 감사의 영역을 넓혀준다는 이치와 비슷하다.

에픽테토스는 사실주의의 이러한 적용에 대해 다음과 같이 설명한다. "아침 일찍 재빨리 몸을 씻는 사람이 있는가? 그 사람이 잘못되었다고 말하지 말고 빨리 씻는다고 말해야 한다. 포도주를 많이 마시는 사람이 있는가? 그 사람이 잘못되었다고 말하지 말고 포도주를 많이 마신다고 말해야 한다. 그 사람이 잘못 행동하고 있는지 어떻게 알고 의견을 정한단 말인가?"9

에픽테토스는 우리에게 개인적 해석을 미룰 것을 권한다. 다시 말하지만, 잠시 시간을 내어 마음을 가라앉히고(평정을 찾을 수도 있고) 어떤 행동을 좋거나 나쁜 것으로 꼬리표를 붙이려는 충동을 몰아낸다. 이렇게 할 때 비로소 행동을 그 자체로 볼 시간을 자신에게 주며, 객관적 사실과 전혀 관련이 없는 말로 그 행동을 감정의 응어리와 엮지 않는다. 몸 씻기나 포도주 마시기는 에픽테토스가 제시한 예이지만, 이러한 전제는 모든 의사 결정에 적용된다. 거리를 둔다.

마음을 가라앉힌다. 그 행동과 그 행동으로 말미암은 2차 효과를 제대로 보고, 그 행동을 좋은 것이나 나쁜 것으로 분류하는 꼬리표를 제거한다.

'좋은'이나 '나쁜'이라는 단어를 '가치'라는 단어로 대체하는 것이 유익하다. 이렇게 하면 구분이 되면서도 개인적 의견에 얽매이지 않는 가치의 층들이 만들어진다. 가치는 존재의 다양한 수준, 다양한 필요를 나타낼 수 있다. 그러면 우리는 이러한 다양한 층들을 냉정하게 혹은 덜 감정적으로 살펴보고 진실과 성공을 위한 더 나은 방법, 삶에서 장애물로 보이는 것을 대처하는 더 나은 방법을 찾게 된다. 가령, 가치는 슈퍼마켓에 있는 물건의 가격에 존재하기도 하고 그 물건의 신선함과 영양가에 존재하기도 한다. 이 두 가지는 서로 다른 가치 척도이며 동시에 작용하기도 한다. 하지만 특정한 야채를 '좋은'이나 '나쁜'으로 부르는 것과 무관하게 이 두 가지 척도를 자세히 살펴보면 처음의 주관적 의견에 흐려지지 않는 객관적 결정에 도달할 수 있다.

어빈은 이를 진화론적 관점에서 설명한다. "추론 능력을 활용해 다음과 같이 결론내릴 수 있다. 즉, 사회적 지위와 소유물의 축적 등 진화가 인간에게 부추기는 많은 것들은 우리의 목표가 단순히 생존과 번식이면 가치가 있고, 우리의 목표가 살아있는 동안 평정심을 경험하는 것이라면 가치가 전혀 없다는 점이다."[10]

우리가 이러한 두 단계를 거친다면 그러니까 첫째, '좋은'이나 '나쁜' 같은 주관적 판단에서 벗어나 행동의 본질을 더 이해하려고 하며 둘째, 판단의 용어를 '가치' 측정과 사고로 대체한다면 상황을 더 사실적으로 보고 더 생산적인 방법으로 반응할 수 있다.

사실적 사고 능력을 키우려면 우선 자신의 영역을 벗어난 세상을 보고 객관적인 인식을 하려고 노력해야 한다. 그렇게 한 후 그러한 객관적 역량을 자기 자신에게 발휘해야 한다(그 과정에서 모욕을 당하지 않도록 빈틈없이 방어해야 할지도 모른다). 우리는 이렇게 새로 발견한 사실주의와 자기 성찰을 친구, 사랑하는 사람, 동료와 함께 신뢰와 공감대와 서로에 대한 이해를 구축하는 데 활용할 수 있다. 이렇게 되면 이전에 인정하기 두려워했던, 자신이 취약한 영역을 솔직하게 드러낼 수 있다.

이렇듯 자기인식 능력을 높이면 우리는 콜롬보와 소크라테스가 그랬듯 타인 역시 세상을 좀 더 명확히 인지하고 스스로를 좀 더 명확히 이해하도록 이끌어줄 수 있다. 그 결과 선의를 지닌 사람들은 호의적 반응을, 자신의 동기와 바람을 숨기는 사람들은 좀 더 눈에 띄고 본능적인 반응을 보이게 된다. 모두 바람직한 현상이다. 이러한 점을 '좋은'이나 '나쁜' 같은 주관적 판단을 가치(더 바람직하게는, 우리가 통제할 수 있는 부분에 대한 가치)에 근거한 객관적 평가로 대체하는 전략과 연결한다면 이 세상에서 우리가 발휘하는 효율성이 증대될 것이다.

아스팔트에 닿는 면적이 더 넓고 정지마찰이 더 큰 경주용 자동차의 넓은 타이어처럼 우리는 좀 더 사실적이고 생산적이고 보람 있게 이 세상과 주변 사람들과 상호작용할 수 있다.

10장

기민성

내가 맥밀란 출판사에서 일하던 시절, 회사는 구조조정을 수없이 단행했다. 그 결과 상사와 관리자가 여러 번 바뀌었다. 처음에는 그 과정에서 스트레스를 받았다. 두려움을 느꼈다. 적응하기가 어려웠다. 그러나 불평하는 대신 상황을 받아들이는 법을 배우면서 나는 그러한 새로운 상황에 잘 적응해야 함을 깨달았다. 새로움과 변화는 내가 일하는 환경에서 일반적이고 지속적인 부분이었기 때문이다. 그러한 변화는 사라지지 않을 것이므로 내가 이를 받아들이는 수밖에 없었다.

변화를 나른 각도에서 바라보고 태도를 바꾸면서 나는 적응력과 기민성이 가진 여러 가지 이점들을 보기 시작했다. 스스로 성공할 준비와 자격을 갖추고, 또 주변이나 윗선에서 어떤 새로운 체제가 형성되더라도 해야 할 일을 함으로써 나 개인적으로는 스트레스를 점점 덜 받게 되었다. 나아가 조직에 상당한 가치를 기여하기 시작했다.

변화 과정에서 나는 '익숙한 방법'이 없었기에 적응력 있는 태도를 기르지 않을 수 없었다. 우선 나는 팀의 구성원들과 함께 변화를 점진적이고 반복적인 향상을 이루는 데 활용하기 시작했다. 각각의 혼란은 내게 성장할 수 있는 기회가 되었고, 또 각각의 장애물은 성공하기 위해 지나야 하는 길의 일부가 되었다. 우리는 상사에게 충실하면서도 (누가 상사가 되든지 간에) 너무 편협해지지 않기 위해 노력했다. 또한 우리는 다른 부서들을 우리의 편으로 두었고 그들을 적으로 만들지 않았다. 다음번 구조조정이 이루어지면 조만간 그들과 함께, 그들 밑에서 혹은 그들의 힘을 빌려 일을 하게 되는지 알 수 없었기 때문이다.

나는 좋은 상황을 당연한 것으로 여기지 않는 법을 배웠다. 상황이 나빠질 때 나 자신이나 팀이나 직장에 실망하지 않는 법을 배웠다. 난관은 이점으로 바뀔 수 있다는 점을 배웠다. 그리고 기민성의 이점을 스스로 깨우쳤다.

망명생활 속에서 기쁨을 누린 비결

나는 로버트 그린의 『50번째 법칙』에 나온 다음 구절이 내가 맥밀란 출판사에서 혼란스러운 변화가 발생되고 결코 안정감을 느끼지 못했던 시기에 깨달은 점을 잘 요약해준다고 생각한다. 처음에는 혼란스러움에 발버둥 쳤지만 나중에는 깨닫고 성장했으며 그 과정을 더 강인하고 능숙하게 거치게 되었다. 로버트 그린은 다음과 같이 말한다.

전 세계적으로 경쟁이 그 어느 때보다 치열하게 벌어지고 있는 상황인 만큼 현재 당신이 마주하고 있는 세상에도 장애물과 한계가 가득하다. 따라서 당신도 허슬러처럼 유연하게 사고하고 끊임없이 창의성을 발휘함으로써 당신의 자유를 찾아야만 한다. 이는 실험에 대한 더 적극적인 의지를 가지고 실패에 대한 두려움을 떨친 채 여러 가지 모험을 시도해봐야 한다는 이야기다. 또한 새로운 스타일과 당신이 추구할 수 있는 새로운 방향을 끊임없이 만들어내어 나이가 들어가면서 젖게 되는 타성에서 스스로 자유로워져야 한다. 인습적인 사고방식에 너무 물들어 과거를 지나치게 동경하는 사람들이 가득한 세상에서는 그런 유동성이 곧 힘, 즉 자유롭게 움직일 여지가 될 수밖에 없다.[1]

여기서 이러한 특성들을 좀 더 면밀히 살펴보고 스토아 철학의 기준에 비추어 깊이 생각해보자.

스토아 철학에 기반한 기민성에 대한 설명을 찾을 때 좋은 출발점이 될 예시 상황은 몹시 어둡고 암울한 상황이다. 이는 일자리 재편성 등에 대한 현대인들의 불평과는 다를 수 있지만 여기서 작동하는 원리는 모든 세대와 문제를 아우른다. 오늘날엔 그럴 필요가 없어졌지만 과거에 극복해야 했던 한 가지 문제는 망명 문제였다. 세네카는 코르시카 섬에서 8년 동안 망명생활을 했다. 이 시기에 「어머니 헬비아에게 보내는 위로」라고 알려진 편지를 그의 어머니에게 썼다. 자신 때문에 슬퍼하지 않도록 어머니를 설득하기 위해 쓴 편지였다. 부당한 취급을 받아 망명 보내진 그는 어머니의 기분을 북돋아주려고 온 힘을 다했다! 세네카가 쓴 편지의 마지막 부분은 그가 마음의 단순한 비결을 통해 망명이라는 상황을 어떻게 바꾸었는지 보여준다. 그는 이렇게 썼다.

저는 한창때처럼 즐겁고 쾌활하게 보내고 있습니다. 사실 가장 좋은 나날을 보내고 있습니다. 제 마음이 일에 대한 모든 압력에서 벗어나 느긋하게 나름의 관심사에 신경을 쓰고 있기 때문입니다. 마음은 어느 때는 가벼운 공부를 하며 즐기기도 하고 어느 때는 마음의 본질과 우주의 본질을 열심히 탐구하기도 합니다. 마음은 우선 세상의 나라들과 그 나라들의 위치를 생각합니다. 그리고 나라 사이를 흐르는 바다의 특성을 생각하고 번갈아 생기는 썰물과 밀물을 생각합니다. 이어서 하늘과 땅 사이에 존재하는 모든 두려움을, 천둥, 번개, 세찬 바람, 수증기, 쏟아지는 눈과 우박으로 만신창이가 된 지역을 살펴봅니다. 아래의 모든 영역을 살펴봤으니 마지막으로, 마음은 하늘 가장 높은 곳으로 날아올라 가장 웅장한 광경을, 신성한 광경을 즐기고, 마음이 영원하다는 것을 기억하면서 그동안 존재해왔고 앞으로도 영원히 존재할 모든 것을 되새깁니다.[2]

세네카는 망명을 처벌로 '생각하지 않고' 기회로 생각했다. 그는 망명생활 속에서 기쁨을 누렸고 그야말로 '즐겁고 쾌활하게' 지낸다고 말했다. 네로 황제에게 조언하는 직책에서 신경 써야 할 일들로부터 해방되었기 때문이다. 그는 다른 대상으로 마음을 돌려 세상, 땅, 바다, 자신을 에워싼 우주현상과 자연현상, 심지어 신까지 탐험했다. 그는 네로의 궁정에서 보내야 했던 위험하고 복잡한 삶의 방식에서 벗어난 변화로서 이러한 생활을 환영했다.

내가 맥밀란 출판사에서 경험한 상황을 세네카가 코르시카 섬에서 보낸 망명생활에 비유하는 것은 언뜻 보면 과시처럼 느껴질지 모르지만 똑같은 정신훈련이 우리 두 사람에게 효과가 있었던 것은 분명하다. 세네카가 망명에 대한 태도를 다시 생각해야 했다면 나는 끊임없는 개편과 혼란에 접근하는 방식을 다시 생각해야 했다. 이러한 각각의 상황에서 유익한 점을 찾을 수 있었다. 탐험할 공간과 시간, 그리고 기민성이라는 기술을 연마할 기회가 그것이다. 우리는 둘 다 우리를 옥죄게 만들 수도 있는 상황에 직면했다. 하지만 인내심을 발휘했고 문제적 상황을 이점으로 만드는 방법을 찾았다.

기민성을 기르는 기술

기민성을 뒷받침하는 요소는 다음과 같다. 이는 스토아적 문제 해결법과 같다. 환경을 바꾸려고 애쓰기보다 생각하는 방식을 바꾸는 것이다. 생각은, 아니 적어도 당신의 생각과 인식의 패턴은 온전히 당신의 통제력 내에 있다. 환경은 주변적인 것이며 당신이 통제할 수 있는 대상이 아니다. 그러니까, 환경은 '당신 주변에 존재하는' 것이다. 그러한 환경을 장벽으로 인식할지 아니면 교량으로 인식할지는 당신의 선택이다.

세네카는 관점의 변화라는 주제를 여러 번 강조한다. 그는 아주 간단하게 다음과 같이 말한다. "(역시 망명생활을 했던) 키케로는 자신을 준半 죄수라고 불렀지만 정말로 현명한 사람은 그렇게 비참한 말을 사용하지 않을 것이다. 그는 결코 준 죄수가 아니며 항상 견고하고 온전한 자유를 누릴 것이다. 스스로 자신의 주인이 되고 다른 모든 것보다 높아지는 자유를 말이다. 자신의 운명 위에 있는 사람의 위에 무엇이 존재할 수 있겠는가?"[3]

우리가 정확하게 정의하는 한 자유란 어디에나 존재한다. 이것은 우리가 통제할 수 있는 한도 내에 있는 자유다. 그러한 영역에서, 그러한 자유 안에서 우리는 기민해지고 창의력을 발휘한다. 두려움 없는 마음을 다룬 앞 장에서 논의했듯 기민성을 키우는 일은 중요하다. 기민성은 창의력의 중요한 요소이기 때문이다.

기민성+대담함=창의력

얼마나 간단한가?

스토아 철학자들의 관점으로 접근한다면 이는 굉장히 간단한 원리다. 환경에서 자유를 찾지 말라. 문제를 다시 생각하는 방식으로 자유를 찾아라. 문제를 바라보는 관점을 바꾸어 당신이 통제할 수 있는 부분에만 집중할 때 얻는 자유 속에서 기민성이 생겨난다. 징벌로 섬에 유배되더라도 위로자, 철학자, 새로운 것을 발견하는 자가 될 수 있다. 생각에 쏟을 시간, 여유, 정신적 명료함이 있기 때문이다. 유배되지 못했더라면 생각할 능력이 전혀 없었을 테지만 말이다. 마찬가지로 만일 당신이 원칙과 조직 자체가 매일 변하는, 스트레스를 주는 업무 환경 속에 있다면 이와 같은 기민성을 키울 기회를 발견할 수 있다. 그러한 환경을 더 나은 팀워크, 더 나은 적응성, 더 나은 인내심을 배울 기회로 대할 수 있다.

그러한 상황에서 일단 당신 안에(여기서 바깥으로 확장되어 당신 주변에) 공간과 자유가 형성되면 기민성을 키울 기회가 생긴다. 하지만 기회는 제대로 활용되어야 한다.

문제에 대담하게 대처하지 않는다면 설령 창의적 가능성을 감지하더라도 실제로 창조를 이끌어내도록 자신에게 동기부여를 하지 못한다. 그러므로 두 가지 개념이 동시에 작용해야 한다. 우선, 공간을 만들고 이를 자유로 인식한다. 그리고 스스로 고정되지 말고 기민하게 행동하고 대담하게 도약한다.

이소룡은 이러한 상태를 물에 비유하여 이렇게 말한다.

틈새를 흐르는 물처럼 되라. 너무 독단적으로 되지 말고, 무언가에 부딪히면 길을 돌아가거나 관통할 방법을 찾을 것이다. 자기 안에 굳어진 게 없다면 외부의 것들은 스스로 사라질 것이다. 어떠한 형태나 구속 없이 마음을 비워라. 마치 물과 같이. 물은 컵에 따르면 컵 모양이 되고 병에 따르면 병 모양이 되고 주전자에 따르면 주전자 모양이 된다. 물은 흘러갈 수도 있고 무서운 기세로

밀려들 수도 있다. 물이 되어라, 친구여.[4]

이 인용문에는 우리가 다룬 모든 내용이 포함되어 있다. 바로, 잠시 멈춤(독단적으로 나서지 말고 내버려둔다)과 정신적 기민성(완고한 겉모습에서 벗어나 컵, 병, 주전자 같은 겉모양이 아닌 본인이 자신의 형태를 통제할 수 있음을 이해한다)이다. 또한 두려움 없애기, 돌진하거나 흘러가기, 문제에 직진하거나 돌아서 가기다. 이소룡의 원칙은 스토아철학의 적극적이고, 현재를 중시하는 삶의 방식을 나타낸다.

개에게서 기민성을 배우다

기민성이 세네카나 이소룡이 강조한 것처럼 진지할 필요는 없다. 개, 표범, 원숭이가 등장하는 아프리카의 이야기가 있다.

개가 자신이 삶의 주인이고 세상에서 최고라는 생각을 하며 경중경중 달리다가 표범이 접근하는 것을 알아차리고 경악했다. 이런! 개는 난관에 처했다. 이제 잡아먹힐 터였다. 대초원의 먹이사슬에서 개는(여기서는 인간도 마찬가지다) 맨 위 단계에 있지 않았다.

개는 주위를 둘러보았다. 개가 먹이사슬을 바꿀 수는 없는 터. 갑자기 근육이 증가하거나 반사적 행동이 더 빨라지거나 더 날카로운

이빨이 생겨 최상위 포식자가 되어서 표범을 막아내는 일은 일어나지 않을 것이다. 하지만 문제를 생각하는 방식을 통제할 수는 있다.

개는 뼈 한 무더기를 발견하고는 거기로 갔다. 자리를 잡고 앉아 오래된 짐승 시체의 일부분을 물어뜯기 시작했다. 개는 접근하는 표범 쪽으로 용감하게 고개를 돌리고 표범이 달려들기 전까지 기다렸다가 이렇게 말했다. "정말 맛있는 표범인데. 저녁으로 포식하게 한 마리 더 나타나면 좋으련만."

표범은 걸음을 멈추고 생각했다. '허, 이런 빌어먹을 미친 개를 봤나. 건들지 말아야겠군.'

표범은 그곳을 떠났다.

이것이 바로 바람직한 기민성이다. 생명을 구하는 기민성이며 상당한 대담함이다. 개가 드러낸 기민성(본인이 최상위 포식자가 아니라는 문제를 다른 시각으로 봄)과 대담함은 결국 자신의 목숨을 구해준다.

하지만 이 이야기의 또 다른 부분이 있다.

원숭이 한 마리가 나무에 앉아 이 모든 광경을 지켜보았다. 원숭이는 생각했다. '동물의 왕인 표범을 내 편으로 만들어볼까?' 원숭이는 나뭇가지들 사이로 휙휙 지나가 마침내 표범을 따라잡았다.

"이봐, 표범. 저 개가 방금 널 놀렸어. 아까 본 건 그 개가 발견한 오래된 뼈 더미라고. 그 개는 표범을 죽이지 않았어." 원숭이가 말했다.

표범은 속았다는 사실에 화가 났다. 그래서 원숭이에게 자신의 등에 올라타라고 말했다. 이 둘은 개 앞에 가서 누가 진짜 우두머리인지 보여주려고 했다.

개는 이 모습을 발견하고 이번에도 두려워했다. 뭔가 하지 않으면 틀림없이 죽임을 당하고 먹이가 되리라는 점을 알았다. 하지만 개는 이 새로운 모양의 용기에 자신을 물처럼 쏟아 넣었다. 싸우거나 도망치는 방법으로 환경 자체를 극복하려고 하기보다 자신의 정신상태를 새로운 환경에 맞추었다.

원숭이와 표범이 다가오는 동안 개는 그들이 소리가 들리는 거리만큼 올 때까지 기다렸다가(여전히 그쪽 방향은 보지 않고) 이렇게 말했다. "이런, 원숭이 녀석이 어디로 갔는지 알면 좋으련만. 잡아먹을 다른 표범을 찾아내라고 30분 전에 보냈건만 아직도 오질 않네."[5]

개는 자신의 입장을 상황에 맞추고 정신상태를 문제에 맞춤으로써 형세를 역전시켰다. 자신이 처한 심각한 곤경에서 창의적 해결책을 찾았다. 그것도 두 번이나.

기민성은 재능과 상관없다

이 개의 기민성에서 우리가 배울 만한 교훈이 있다. 우선, 이 이야기는 '재능'과 직접적인 연관성이 없다. 앞서 노력이 재능보다 두 배 더 중요하다고 말했다. 기민성에 있어서도 재능은 중요한 부분이 아니다. 상대를 속이는 재능은 이 개가 목숨을 건지는 데 필요조건은 아니었다. 혹은, 설령 재능이 중요했다 하더라도 여기에 적용된 공식은 이와 같았을 것이다. 기민성 기술=재능(기본 능력)×노력. 이것은 앤절라 더크워스가 제시한, 기술의 발전에 관한 공식과 비슷하다.[6]

기민성이 내가 맥밀란 출판사에서 경험했던 것처럼 시행착오와 재시도의 과정을 거쳐 연마되는 기술이라면, 창의력은 다시 말하지만 노력의 산물이다. 이 상황에서 창의력은 하나의 성취다. 창의력은 틈새를 흐르거나, 필요할 경우 맹렬하게 밀려드는 물이다. 창의력을 발휘하기 위한 도약을 하려면 '노력(여기서는 '대담함'으로 부를 수 있겠다)×기술(기민성)'이 필요하다.

이야기 속 개와 마찬가지로 당신도 이러한 창의력으로 당신을 보호할 수 있다. 세네카와 마찬가지로 당신도 형편없거나 지루하거나 모욕적인 상황을 즐거운 상황으로 바꿀 수 있다. 이것이 창의력의 힘이다.

빅터 프랭클은 이렇게 썼다. "인간은 단순히 존재하는 것이 아니라 앞으로 자신이 무슨 존재가 될지, 다음 순간에 자신이 어떻게 될지 항상 결정한다. 마찬가지로 모든 인간에겐 언제든 변할 수 있는 자유가 있다."[7]

스토아 철학의 수많은 격언의 원천과 똑같은, 이러한 변화의 원천은 우리가 인간으로서 실제로 통제할 수 있는 것을 인지하고 이에 따라 행동하는 능력이다.

제임스 스톡데일은 참혹한 전쟁포로 시절에도 자신이 통제할 수 있는 부분과 없는 부분을 분별하는 연습을 했다. 그는 거의 모든 자유를 빼앗긴 시기에 이러한 연습이 어떻게 창의력을 얻고 문제를 해결할 수 있는 자유를 주었는지 그 누구보다 잘 설명해준다. 그가 통제 가능한 상황과 불가능한 상황을 분별한 기준이 어떻게 드러나는지 살펴보자. 그리고 이것이 그의 리더십에 어떻게 창의력을 더했는지 주목해보자.

> 평시 군사조직의 어정쩡한 태도와 달리, 압박감 속에서 적절하고 자신을 의식하지 않는, 즉흥적 행동의 필요성을 받아들이고 정해진 절차에서 벗어나려면 숙고를 해야 한다. 새로운 대응 방식을 고안하려면 숙고를 해야 한다. 나는 초연한 사람이(냉담한 사람이 아니라) 되었고 책이 '더 이상 외부환경과 맞지 않을 때' 조금도 주저하지 않고 책을 던질 수 있었다. 나는 전시에 하급자의 직감이 더 믿을 만할 때 당황하지 않고 상급자보다 하급자를 앞세울 수 있었다. 내게 생긴 이 새로운 자유분방, 이 새로운 융통성은 감옥생활 후반부에 큰 효과를 냈다.[8]

이러한 점은 큰 효과를 낸다. 즐거움을 유도하고, 관점을 변화시키며, 좋은 결과를 이끌어내고, 문제 해결에 도움이 된다. 이러한 점은 대부분의 딜레마까진 아닐지라도 다수의 문제를 해결하기 위한 열쇠일 뿐만 아니라 문제 자체를 사라지게 만들기도 한다. 성취에 필요한 창의력, 기민성, 대담함, 이러한 것들은 문제를 성공에 이르는 사다리로 바꾸어주는 역할을 한다.

A Better Human: The Stoic Heart, Mind, and Soul

스토아적
정신에 대하여

11장

자아에 대한 진정성

자유로운 영혼은 드물다. 그러나 그것은 보면 알 수 있다. 그 근처
에 있거나 함께 있을 때 기분이 아주 좋아지기 때문이다.

_찰스 부코스키

우리는 두려움을 없앨 수 있다. 노력과 인내를 통해 기민성을(그
리고 다른 여러 기술을) 키울 수도 있다. 문제를 다른 관점으로 보도록
스스로를 일깨울 수 있다. 진정한 즐거움이란 바람직하고 덕 있는
삶을 살 때 찾아오는 평정심으로부터 비롯된다는 점을 깨달을 수
있다. 또한 우리는 내면의 평정심에서 내리는 의사 결정의 힘을 발
견할 수 있다. 우리의 도덕적 나침반의 바늘이 선을 향하고 헛된 노

력을 없애는 동안 이러한 평정심이 근면하고 인내하는 능력을 연마하는 데 얼마나 도움이 되는지를 발견할 수 있다.

이것들은 스토아적 삶을 살아가는 데 각각의 층이며 모두 중요하다. 그리고 이 책의 첫 두 장에서 다룬 자기 발견과 자기 개선의 여정으로 우리를 이끌어준다. 하지만 우리는 가장 기본이 되는 층, 곧 1층을 잊어선 안 된다. 그건 바로 '자아'다.

우리는 이번 장에서 자아에 대해 자세히 살펴보려고 한다. 그리고 스토아 철학의 렌즈를 통해 진정성을 살펴보려고 한다. 과거에서 배우고 과거를 스승으로 활용하는 부분을 다루려고 한다. 나는 인간됨의 본성은 사회적 본성이라는 점을 상기시킬 것이다. 더 중요한 점은 우리가 다음의 사실을 발견하게 되리라는 것이다. 그러니까, 스토아 철학자들은 우리가 반사회적 존재가 되어야 한다는 생각을 전혀 하지 않았다는 점이다. 그들은 우리가 조금이나마 인생의 좋은 것들을 받아들이기를 원했다. 이어서 우리는 감사에 대해 논하면서 덕을 갖춘 인생을 사는 목적을 다시 한 번 살펴보려고 한다.

자아를 빛나게 하라

우리는 자아와 함께 자아 내에서 모든 결정을 내려야 하고, 모든 일을 차례대로 처리해야 하며, 모든 즐거운 시간을 누려야 하고, 이 여정에서 만나는 모든 곤경을 견뎌내야 한다. 자아는 스토아적 삶에서 다듬어야 할 원재료이다. 이러한 자아는 더크워스가 제시한 성취 공식에서 '재능'의 초기 인풋Input을 나타낸다. 그러니까, 우리는 노력을 통해 이러한 원재료를 다듬어서 스스로 기술을 지녔다고 말할 수 있는 지점에 이르게 되며, 이후에 더 많은 노력을 기울이며 다시 단련해서 그러한 기술을 성취로 바꾸게 된다.

자아는 당신의 기준선이고 밑바닥 층이다. 자아는 나의 기준선이고 나의 밑바닥 층이다. 이는 누구나 마찬가지다. 우리는 자아를 수용해야 하며 자아를 중심으로 스토아 철학에 기반한 행동 도구들을 갖추어야 한다. 이는 우리가 될 수 있는 최고의 존재가 되도록 스스로를 돕기 위해서다.

스토아 철학에 기반한 배움과 향상을 위한 길고 고되지만 즐거운 여정이 당신 앞에 펼쳐질 때 잠시 원점으로 돌아가 자신에 대해 생각하는 것이 현명하다. 내가 누구인지, 어떻게 좀 더 진정한 나 자신이 될 수 있는지 숙고하는 것이다. 자아를 중심으로 노력을 기울여야 한다. 자신의 기술과 성취를 통해 자아가 빛나게 해야 한다. 자아를 자신이 추구하는 미덕의 기본으로 여겨야 하며, 자아에 진실해야 한다. 진정성은 자유와 평정을 누리는 데 중요하기 때문이다. 자아에 대한 진정성은 평정심을 형성한다. 행복하고 안정되어 있으며 겉모습과 내면의 자아가 서로 조화를 이룰 때 평정상태가 된다. 이때 기쁨의 정점에 도달한다.

나아가 우리 자신의 가장 깊은 곳에 있는 자아로서 '존재하고', 또 타인에게 '보여주는' 진정성은 우리가 공동체에서 성공적인 일원이 되도록 인간관계에서 신뢰와 영향력을 키우기 위한 전제조건이다. 다시 말해, 진정성은 자신이 통제할 수 있고 영향력을 발휘할 수 있는 범위를 확장하는 데 도움이 된다. 이는 내면의 인식에서 시작되어 자신의 행동에 영향을 주고 이를 통제하는 것으로 확장되고, 이어서 (진정한 행동에서 키워진 영향력을 통해) 친구들과 동료들에게 영향을 주는 것으로 확장되는 과정이다.

브렌 브라운은 '취약성'을 주제로 한 테드 토크TED Talks에서 이와 관련하여 다음과 같이 말한다.

> 진정성은 우리가 매일 내려야 하는 선택들의 집합입니다. 진실하고 이를 드러내 보이는 선택에 관한 것이죠. 솔직해져야 하는 선택, 진정한 자아를 드러내야 하는 선택에 관한 것이죠.[1]

그녀는 나중에 이렇게 덧붙였다.

> 진정한 소속감은 우리가 불완전하지만 진정한 자아를 세상에 보

여기서 우리는 자신에게 진실할 뿐만 아니라 자신을 에워싼 세상에서 견인력을 얻는 방법을 알 수 있다. 이것은 빙판길에서 바퀴를 쇠사슬로 감는 것과 같다. 이렇게 해야 인생이라는 도로에서 타인이 우리를 어떻게 보는가와 타인이 우리에게 어떤 영향을 받는가와 같은, 우리가 통제하지 못하는 영역을 나타내는 도로의 미끄러운 표면을 지날 때 더 많은 원동력과 이점을 얻는다. 자아와 함께 내면에서 시작하여, 브라운이 테드 토크에서 제안했듯 행동을 미세하게 조정할 때 내면의 진실성이, 그러니까 진정한 자아가 있는 그대로의 우리 자신을 위해 빛을 발하기 시작한다. 이럴 때 우리는 친구와 동료에게 한 모습을 보이고 다른 상황에서나 자기 자신에게 다른 모습을 드러내지 않는다. 우리를 에워싼 온 세상은 일관된 인간을 알아보고 판단할 수 있을 것이다. 만일 우리가 내리는 선택이 바람직하고 도덕적인 것이라면 세상은 일관된 선함을 알아보고 판단하며 이에 반응할 것이다.

여기에는 강력한 힘이 있다.

우리가 진실하고 이를 겉으로 보여주면 사람들은 우리에게 반응을 하기 마련이다. 이는 소속감을 형성한다. 이때 우리는 주변 사람들의 공감을 얻는다. 우리는 삶의 다양한 측면과 시기에 한 집단 혹은 여러 집단에 속하면서 집단의 방향과 노력에 참여하고 거기에 영향도 끼친다. 그리하여, 이렇게 하지 않았더라면 통제할 수 없었을 환경에 적어도 약간의 영향을 끼치는 능력을 확장한다. 끊임없는 조정과 우리를 드러나게 하고 진실하게 만드는 선택으로 형성되는, 자아에 대한 진정성에 비례하여 우리는 타인에게 영향을 끼친다.

기분 좋게 해주는 사람

여기서 목적이 '타인을 통제하기 위한 진정성'이 되어서는 안 된다. 이는 은밀하게 해를 끼치는 것이고 실제로는 진정성이 없는 것이다. 여기서 목적은 바람직하게 살고 평정심에 이르는 것이다. 우리가 통제할 수 있는 부분에 노력을 기울이는 일은 평정심에 이르는 결정에 초점을 맞추는 한 방법일 뿐이다. 진정성은 이러한 평정심의 영역을 확장시키고 긍정적으로 인식된다. 그 결과 우리는 부코스키의 표현대로 '그 근처에 있거나 함께 있을 때' 사람들이 알아차리는, '기분을 좋게 해주는' 사람이 된다. 진정성은 당신이 이끌기로 결심한, 스토아 철학에 기반한 덕을 갖춘 삶에서 느끼는 평정심을 타인의 영역으로 끌어들이는 한 방법이다.

이 모든 것을 현대 대중심리학의 뜻 모를 말로 생각하지 않기 위해 에픽테토스가 한 말로 돌아가보자. 그는 브렌 브라운과 아주 비슷한 말을 한다.

> 어떤 일을 해야만 한다고 판단해서 그 일을 하고 있다면, 많은 이가 비판적 의견을 보이더라도 그 일을 하는 모습을 드러내야 한다. 만일 올바른 일이 아니라면 그 일을 하지 말아야겠지만, 올바른 일이라면 부당하게 흠을 잡는 사람들을 두려워할 필요가 있겠는가?[3]

에픽테토스는 브라운보다 좀 더 냉정한 시각을 보인다. 적어도 그의 말들은 말 이면에 있는 굳건한 의지에서 나온 것이다. 그는 진정성을 통해 타인의 삶에 투영하는 선함의 힘을 옹호하기보다 외부적 힘에 상관없이 '올바른' 일을 하라고 제안한다. 하지만 이렇게 할 때에도 올바름의 개념은 자기 자신으로부터 확장된다. 이는 본을 보이는 것이다. 물론 단기적으로는 우리의 행동에서 올바름을 보지 못하는 주변 사람들의 기분을 거슬리게 할 수도 있다. 하지만 선함을 추구하며 자기 신념과 변함없는 확신을 보이면 시간이 흐르면서 점차 사람들의 존중을 받고, 어떤 그룹에 속했을 때 발휘되는 것과 같은 영향력이 생긴다.

친구들과 동료들을 생각해보자. 우리는 상사나 그룹이 원하는 것은 무엇이든 하는 아첨꾼과 올바름이라는 이상을 추구하며 어떤 개인적 대가를 치르더라도 타인에게 모범을 보이는, 독립적인 사람 가운데 누구를 더 존중하는가? 우리는 사람을 이러한 관점에서 본다면 에픽테토스의 행동 모델과, 행동을 통해 진정한 자아를 드러내는 것을 옹호하는 브렌 브라운의 생각은 동일한 것임을 알 수 있다. 진정성의 원리는 덕과 조화를 이룰 때 신뢰, 존경, 영향력을 조성한다. 이러한 것들은 진정성의 원리를 아는 사람들에게 이로울 수밖에 없다. 당신은 상황에 따라 다른 시기에 당신의 영향력이 브라운이 말한 것 같은 취약성과 소속감을 만들어내는 것을 발견할지 모른다. 아니면, 적어도 초기에는 에픽테토스가 말한 외로움을 발견할 수도 있다. 이 외로움은 시간이 흘러야만 존중과 감사로 바뀐다.

하지만 에픽테토스는 스토아 철학의 미덕을 실천하는 사람이 가령 주변 사람들이 비이성적인 상황에서도 항상 자신과 이성적 가르침에 진정성을 보이기를 바라는 걸까?

아니다. 에픽테토스는 타인에 대한 동정심이 없는 것으로 이따금 비난받기도 한다. 하지만 실제로 그는 비이성적인 사람을 대해야 하는 난감한 상황을 예로 들며, 진정성을 실행하는 일이 쉽지 않다는 점을 보여주려고 한다. 그는 이렇게 쓰고 있다.

그렇다면 말로는 그 사람에게 동정심을 보이는 것을 꺼리지 말고, 상황이 그렇게 되더라도 말로는 함께 애통해하는 것을 꺼리지 않아야 한다. 하지만 속으로도 애통해하지 않도록 조심해야 한다.[4]

이 문장은 스토아 철학이, 특히 에픽테토스가 보편적인 동정심을 마땅치 않게 여긴다는 생각을 반박하는 데 큰 역할을 하면서도, 언뜻 보면 의도적인 부정직을 옹호하는 것처럼 느껴지기도 한다.

하지만 이를 스토아 철학의 렌즈를 통해, 우리가 삶에서 진정으로 통제할 수 있는 부분과 통제할 수 없는 부분에 근거하여 결정을 내려야 한다는 기준을 통해 다시 들여다보면 에픽테토스의 방식은 훨씬 더 이해된다. 우리는 우리의 내면을 통제할 수 있다. 반면, 타인의 반응이나 감정을 통제할 수 없다. 이렇기 때문에 에픽테토스는 우리가 이 두 가지 상황이 설령 동시에 발생되더라도 각각의 경우에 진정성을 보이기를 원한다. 그는 우리가 내면으로는 스토아 철학에서 추구하는 것에 진정성을 보이고, 불필요하거나 비이성적인 감정이라는 외부 영향력을 차단하며 내적인 평정을 지키기를 원한다. 그리고 외면적으로는 우리가 타인과 어울리는 것을 옹호한다. 그는 우리가 타인에 대한 공감이라는 인간적 요소가 없는 사람이 되거나 행동을 하는 것을 원치 않는다. 우리가 겉으로 감정을 드러내서라도 진정으로 공감하면서도 내면으로는 평정을 지키기를 원한다.

작은 선택들

이러한 균형 잡기는 어려울 수 있다. 이러한 균형 잡기를 하려면 '진정성은 선택들의 집합이다'라는 브렌 브라운의 말을 염두에 둘 필요가 있다. 이는 선택에 유념해야 한다는 의미다. 그리고 유념한다는 것은 잠시 멈추고 평정상태에서, 어떻게 반응할지에 대하여 감정에 좌우되지 않는 결정을 내리는 것을 의미한다. 이는 우리가 가장 진정한 자아가 되고 스스로가 통제할 수 있는 부분에 노력을 쏟기 위해서다.

진정성이라는 개념에 도전하는 현대화가 뱅크시Banksy의 사례는 우리가 이러한 '작은 선택들의 집합'을 조정해나갈 때 직면하는 도전과 기준에 대해 좀 더 깊은 통찰력을 제시하는 것 같다.

뱅크시는 "1990년대에 영국 브리스틀에 있는 많은 벽에 불법으로 그래피티graffiti(낙서처럼 그리는 거리예술-역주)를 하거나 은어로 벽에 '폭격'을 가하여" 유명해진 화가다. 그 이후로 그의 그림은 "영국과 미국의 경매장에서 수십만 달러에 팔리는" 작품이 되었다.[5] 뱅크시는 초기 그림들의 이러한 불법적 요소들과, 스스로 인정했듯 이 그림들에 대한 법의 집행으로 말미암은 다툼 때문에 진짜 신원을 감추고 있다. 이는 신비로움이라는 그에게 유리한 이점을 만들어내었다. 하지만 이는 진정성이라는 관점으로 볼 때 한 개인과 화가로서의 그뿐만 아니라 그의 작품에 있어서 도전과 같다. 그래피티 작품이 뱅크시의 진짜 그림인가 아닌가? 흔히 이 그림들은 디트로이트, 런던, 파리, 싱가포르 같은 전 세계 여러 도시에서 볼 수 있다. 그의 팬들은 이것이 그의 진짜 그림인지 모방작인지 어떻게 알까?

평소 선동적 스타일을 보이는 뱅크시는 흥미로운 방법으로 이러한 문제들을 해결한다. 첫째, 그는 자신의 진짜 작품을 감정하기 위해 그 이름도 발칙한 '페스트 컨트롤Pest Control(직역하면 '해충 방제'라는 의미다-역주)'이라는 재단을 설립했다.

······ 캐기 좋아하는 외부인들로부터 그를 보호한다. 종이가방, 더 흔하게는 이메일 뒤에 숨는 뱅크시는 자신의 이야기를 가차 없이 통제한다. 그의 마지막 대면 인터뷰는 2003년에 진행되었다. 그는 은닉된 신분 뒤에 숨을지 모르지만 예술가와 지지층 사이의 직접적 연결고리를 선호한다. "세상에는 완전히 새로운 관람객이 있다······." 뱅크시는 주장했다. "대학에 갈 필요도 없고 포트폴리오를 가지고 다닐 필요도, 오만한 화랑에 투명화를 메일로 보낼 필요도, 영향력 있는 사람과 잠을 잘 필요도 없다. 지금 필요한 것은 여러 가지 아이디어와 광대역 연결뿐이다. 지금은 예술의 부르주아 세계가 처음으로 대중에게 속한 시대다"**6**

뱅크시는 대중 앞에 나타나는 능력을 통제한다. 사람들에게 모습을 보이지 않겠다는, 혹은 유명인사가 되지 않겠다는 그의 선택으로 말미암아 그에 대한 신비감이 형성되었고 법적 문제도 피할 수 있게 되었다. 하지만 진정성이라는 측면에서 까다로운 문제가 생긴 것도 사실이다. 그는 '진정성'을 찾기 위한 반문화 조직인 '페스트 컨트롤'을 만들고, 흔히 사람들이 타인에 대해 원하는 것과 같은 진정한 접촉을 형성하는 수단으로서 예술 그 자체에 대한 직접적인 옹호로 이러한 문제를 해결하고 있다. 뱅크시는 예술이 일단 자신의 직접적인 통제력을 벗어나면 자신이 그것에 더는 영향을 끼치지 못한다는 점을 안다. 이렇게 되면 그는 그것에 대해 걱정할 필요가 없다. 하지만 그는 예술을 연결의 방식으로 활용할 수 있다. 사실, 그의 예술에서, 혹은 모든 예술에서 중요한 점은 진정성과, 예술가와 관람객 사이의 연결 기회를 확장시키는 것이라고 주장할 수 있다. 또한, 개인숭배가 그러한 연결의 진정성을 향상시키기보다 방해한다고 주장할 수 있다.

스토아 철학의 관점에서 보면 뱅크시는 대중 앞에 나서는 것을 꺼리는 태도에 대한 책임을 지고 있고 이를 하나의 이점으로 승화시키고 있다. 그의 방식은 이소룡이 언급한 물과 같은 방식이다. 그러니까, 물이 뱅크시처럼 생긴 틀에 맞추는 것과 같은 원리다. 진정한 형태로 만들어진 틀에.

에픽테토스의 진정성

에픽테토스에 대한 마지막 논의를 진정성이라는 측면에서 다루려고 한다. 이 스토아 철학의 대가는 앞서 논의된 대담함과 기민성에 대한 진정성을 지지하는 것 같다. 그는 노력, 대담함, 기민성을 '스스로 감당할 수 있는 수준을 넘어서는' 수준으로 활용하는 것은 실제로 현명하지 않다고 암시하는 듯하다. 물론 앞에선 이러한 것들이 스토아 철학에 기반한 삶의 방식에서 큰 이점이라고 강조되었지만 말이다.

에픽테토스는 이 주제에 대해 다음과 같이 쓰고 있다.

> 스스로 감당하기 어려운 인격을 취하면 걸맞지 않는 방식으로 행동한 것이고, 자신이 성취했을지도 모르는 것들을 간과하는 것과 같다.[7]

이는 자신을 보여주는 방식에 허위가 있는 것을 비난하는 내용이다. 그러므로 진정성을 옹호하는 글이다. 하지만 나는 이 글이 우리에게 목표를 위해 노력하고 대단한 일을 추구하는 것을 하지 '말라고' 권하는 것이 아니라 중대한 문제에 임했을 때 이를 감당할 수 있는 부분들로 나누기를 권한다고 생각한다. 그러니까, 우리가 문제 해결을 위해 키워온 기술을 활용할 수 있는 문제에 매달리기를 권하는 것이다. 이러한 일들을 진정으로 하고, 이어서 숙달과 더 큰 목표를 향하기를 권하는 것이다. 전부 합쳐지면 위대한 일을 향해 가는 소소한 일들을 무시하지 말라고 권하는 것이다.

이 글에서 비난받는 것은 우리가 전체 상황을 충분히 분석하여 통제 가능한 부분과 불가능한 부분으로 나누는 과정 없이 큰일을, 거창한 일을 달성했다고 잘못된 주장을 하는 상황이다. 이렇게 나눈 후에는 대단한 일이 아니어도 한 번에 하나씩 작은 일들을 처리해가야 한다. 요약하면, 우리의 행동에서 진정성을 보이려면 다음과 같이 해야 한다.

- 통제 가능한 각각의 상황에 진정성 있는 태도로 접근한다.
- 통제 불가능한 부분들은 제쳐둔다.
- 상대방이 비이성적으로 행동하거나 자신이 통제할 수 없는 일을 걱정하는 상황이더라도 상대방에게 연민과 공감을 보인다.
- (비이성적인) 슬픔이나 (근거가 없을지도 모를) 기쁨에 빠져 있는 사람에게 도움을 줄 때 느끼는 공감과 인간적 친밀감에서 생기는 이점과 우리가 통제할 수 있는 내적 반응을 분리하려고 노력한다.

진정성은 우리가 취약점을 인정하는 동시에 세상의 여러 도전에 맞서 스스로 무장할 수 있게 해준다. 이는 복잡한 상태이지만 일단 숙련이 되면 내면의 평정심이 생기고 주변 사람들이 우리를 보며 긍정적 반응을 보인다는 측면에서 확실한 이점이 있다. 우리는 지속적으로 소소하면서도 도덕적인 선택을 해나갈 때 변함없이 일관되고 영향력 있는 사람이 된다.

이건 쉬운 일이 아니지만 이보다 더 훌륭한 일은 없다.

<왕좌의 게임>(동명의 소설을 바탕으로 한 미국 드라마-역주)에 등장하는 티리온 라니스터가 존 스노우에게 훈계하는 장면은 취약성과 진정성의 갑옷에 대해 가장 잘 설명하는 부분인 것 같다.

> 네가 누구인지 잊지 마. 세상은 절대 잊지 않으니까. 그걸 네 강점으로 만들어. 그럼 결코 네 약점이 되지 못할 테니까. 그걸 갑옷처럼 입으면 누구도 널 상처 입히지 못할 거야.[8]

12장
과거에서 배우다

나는 스토아 철학이 담긴, 내가 가장 좋아하는 구절을 그대로 인용하며 잠시 내 나름의 즐거움을 누리려고 한다. 이 내용은 언어의 아름다움과 생각의 깊이 때문에 내 심금을 울린다. 나는 당신이 이 부분을 한 번이 아닌 두 번 읽고 진정한 의미를 생각해보길 바란다. 마음이 고스란히 흡수할 수 있는 침묵의 시간, 평정의 시간을 끼워 넣으면서 말이다. 그 결과 그 내용이 당신의 마음 깊숙이 스며드는지 지켜보길 바란다.

다음 구절은 이 장의 훌륭한 도입부 역할을 하기도 한다. 이 장의 주 목적은 스토아 철학의 원리에 근거한 인생을 추구하는 과정에서 과거가 어떻게 고려되고 활용되어야 하는지를 보여주는 것이기 때문이다. 우리는 과거를 통제할 수 없다(그러므로 과거를 걱정해서도 안 된다). 하지만 악보다 미덕을 선택할 능력이 있는 지금, 노력하고 향상하고 우리 존재의 특정한 측면을 통제할 수 있는 바로 '지금', 우리의 결정과 우리라는 존재에게 정보를 주고 지지를 보내는 기반으로 과거를 활용해야 한다. 과거가 없다면, 우리가 어디에서 왔고 무엇을 해왔는지에 대한 존중과 깊이 있는 지식이 없다면, 우리는 그저 순간의 연속을 사는 것에 지나지 않는다. 스토아 철학의 미덕을 추구할 때 그 이상의 것이 요구된다.

더 말할 것도 없이 세네카가 과거를 생각하고 활용하는 방법에 대해 어떤 가르침을 주는지 여기서 살펴보자.

> 인생은 과거, 현재, 미래라는 세 가지 시기로 나뉜다. 그 중에서 현재는 짧고, 미래는 불확실하며, 과거는 확실하다. 과거는 이미 지나간 시간이라 운명의 여신조차 힘쓸 수 없다. 제아무리 큰 권력을 가졌다고 해도 과거를 돌이킬 수는 없다. 다른 일에 신경 쓰느라 바쁜 사람들은 과거를 돌이켜볼 시간이 없기에 그 사실조차 놓치고 있다. 만약 그럴 시간이 있다고 해도 후회로 가득한 과거를 돌이키는 일은 그리 유쾌하지만은 않다. 그러므로 그들은 생각을 허비된 시간으로 되돌리려 하지 않는다. 과거를 되돌아볼 때 악행이 심지어, 순간적인 쾌락의 유혹으로 변장된 악행이 명확해지

는 사람들은 그 시기로 되돌아갈 용기가 없다. 자신의 모든 행위가 기만에 빠지지 않은 양심의 검열을 받지 않은 사람이라면 기꺼이 생각을 과거로 되돌리려 하지 않는다. 야심 때문에 욕심을 부리고, 교만하여 경멸하고, 절제 없이 남에게 이기고, 음흉하게 속이고, 탐욕스럽게 약탈하고, 물 쓰듯 낭비한 적이 있는 자는 자신을 돌아보는 것이 두려울 수밖에 없다.

하지만 과거는 우리에게 주어진 시간에서 분리된 신성한 부분이며 인간에게 닥칠 수 있는 모든 우연을 초월하여 운명의 지배에서 벗어나 있다. 과거는 궁핍에도, 두려움에도, 질병의 엄습에도 동요하지 않는다. 과거는 방해받을 수도 빼앗길 수도 없다. 과거는 지속적이고 근심 걱정 없는 재산이다. 현재의 날들은 하루씩 다가오며 그 하루는 순간순간으로 다가온다. 반면 과거의 날들은 그대가 명령하기만 하면 모두 한꺼번에 다가와서는 마음대로 관찰하고 붙잡도록 내버려둘 것이다. 하지만 분주한 자들은 그럴 시간이 없다. 혼란 없는 평정의 마음에는 삶의 모든 측면을 천천히 살펴볼 힘이 있다. 하지만 분주한 사람들의 마음은 멍에에 짓눌린 듯한 상태여서 뒤를 돌아보지 못한다. 그러므로 그들의 삶은 심연으로 사라진다. 그릇에 아무리 물을 부어도 물을 받아서 지탱할 바닥이 없다면 아무 소용이 없듯 시간도 그러하다. 얼마나 많은 시간이 주어지느냐는 중요하지 않다. 시간은 자리 잡을 곳이 없다면 마음

멋진 말 아닌가? 여기서 세네카는 우리에게 실제로 무슨 말을 하고 있는 걸까?

과거에서 배우다

세네카는 우리가 과거를 자랑스러워하고 만족스러워하든 그렇지 않든 간에 지난날을 되돌아보기를 원한다. 과거를 받아들이기를 원하는 이유가 과거란 큰 기쁨을 주는 것이기 때문이 아니다. (물론 과거는 현재의 혼란이나 미래에 대한 불안의 영향을 받지는 않는다.) 이는 과거가 현재의 우리가 물을 붓는 그릇이기 때문이다. 세네카는 우리가 지금 잠시 멈추고 현재 상황, 생각, 바람을 우리가 누구이고 어떤 자취를 걸어왔는가라는 맥락에 놓고 생각해보기를 원한다. 그리고 우리가 과거에 한 일이나 실패한 일에 후회하기보다 과거란 바꿀 수 없다는 사실을 인정하고 받아들이기를 원한다.

모두 훌륭한 조언이다. 이 모든 것은 어떤 면에서는 부정적 시각화라는 스토아 철학의 개념과 어울리는 부속 선율이나 곁들임 화음과 같다. 마음에 크게 와 닿지 않는가? 미래를 최악의 상황에 놓고 생각해보자. 그렇게 해서 미래가 당신에게 너무 많은 걱정을 불러일으키는 능력을 빼앗아보자.

과거를 불변성과 부족, 걱정, 갈망, 쇠약으로부터의 자유라는 측면에서 생각해보자. 그렇게 해서 과거가 당신에게 후회를 불러일으키는 능력을 빼앗아보자. 이렇게 되면 미래와 과거는 현재 더 나은 결정을 하기 위한 도구가 된다.

이렇게 잠시 멈추어보는 것이다. 미래의 최악의 상황을 상상해보라. 과거의 최악의 상황을 떠올려보라. 당신 자신을, 당신의 그릇을 당신의 바꿀 수 없는 개인적인 과거의 상황에 위치시켜보라. 당신이 한 어떤 일에도 후회하지 말고, 그러한 과거를 현재를 유지하고 현재를 형성하는 데 활용해보자. 그 과거를 영향을 받을 수 있는 부분들에 영향을 주는 데 활용해보자. 그 외의 부분들은 놓아주면 된다. 모든 것을 걱정할 필요가 없다. 발생할 수 있는 최악의 상황은 무엇인가? 부정적 시각화에서 궁극적으로 최악의 상황은 바로 죽음이다. 하지만 죽음은 우리가 통제하지 못하는 자연현상이다. 죽음은 사리에 맞는 현상이다. 앞서 이미 논의했지만 우리는 죽음을 두려워 말고, 죽음을 유한한 삶을 살아가는 동안 더욱 덕 있게 살기 위한 원동력으로 활용해야 한다.

과거를 들여다보면 부정적 시각화를 할 때(상상력을 활용해 앞날을 비춰보아야 한다)와 달리 우리가 견뎌낸 상황, 극복한 도전, 배운 교훈을 끄집어낼 수 있다. 기억의 렌즈를 통해 본 그러한 경험들은 고통 없이 편안하게 모두 활용할 수 있게 된다(우리가 비이성적으로 품었던 어떤 후회든 쓸어버린다면 말이다). 이렇게 해서 과거는 부수적 도구의 역할을, 부정적 시각화를 강화하는 역할을 하게 된다.

현실의 예를 들어 이를 설명해보겠다. 2년 전, 나는 대학원에서 진행하던 프로젝트를 위해 중요한 프레젠테이션을 앞두고 있었다. 많은 사람들 앞에서 해야 하는 발표였다. 대부분의 사람들이 그렇듯 나는 어떻게 해야 할지 걱정을 했다. 그렇게 큰 회의장에서 발표하는 두려움도 있었지만 그 프로젝트가 내게도 중요했던 터라 잘하고 싶은 마음에 걱정이 앞섰다. 발표를 제대로 해내고 싶었다. 대학원에 있는 모든 사람들은 말을 자연스럽게 아주 잘 하는 것처럼 보였다. 반면 나는 내가 애먹을 거라는 점을 알았다. 발표일을 몇 주, 그리고 며칠 앞두고 어떻게 해야 하나 걱정이 밀려들었다.

간단히 말해서 나는 발표를 망쳤다.

형편없었다.

실패했다.

말을 더듬고 내용을 잊어버렸으며 차갑고 딱딱한 인상을 주었다.

나는 모든 게 끝났다고 생각할 수도 있었다(얼굴이 화끈거리던 순간 그런 생각을 하긴 했다!). 하지만 모든 게 끝났던가? 지금이라는 시점에서 그때를 되돌아보면 그렇지 않았다는 걸 안다. 나는 석사학위를 받았고 성공적인 경력을 쌓아갔다. 그 사건은 이제 옛날이야기가 되어버렸다.

더 중요한 점은, 내가 불과 몇 주 후에 심기일전하여 발표를 다시 시도했다는 사실이다. 그때는 좀 더 잘했다. 그리고 몇 주 후에 또 다시 발표를 했는데 그때는 훨씬 더 잘했다. 동급생들이 나를 지지해주었다. 나는 계속 시도했다. 첫 시도의 수치심, 두려움, 실패는 봄눈 녹듯 사라졌고 나는 일련의 인상을 남겼다(지금도 마찬가지다). 연단에 올라 자료를 올려놓고 목소리를 가다듬고 우스갯소리로(실패하기도 하고 성공하기도 했지만) 시작했다. 이 모든 시행착오를 통해 나는 점점 더 잘할 수 있게 되었다.

이제 나는 많은 청중 앞에서 예전보다 훨씬 편안해졌다. 나는 기술을 발전시켰다. 앞서 언급한 공식을 기억하는가? 기술=재능(처음에 내겐 아주 작은 부분만 있었다)×노력(나는 이 상황에 기꺼이 투입했다).

지금 나는 프레젠테이션을 할 때 나의 두려움과 경험 부족을 극복하는 일이 얼마나 어려웠는지 떠올린다. 하지만 최악의 성과를, 가장 형편없는 결과를 극복할 수 있었고 지금도 극복할 수 있다는 사실을 이제 안다. 이는 중요한 교훈이다. 내 개인사에서 내가 얻어갈 한 가지다. 그리고 이는 '과거'라는 개념을 '대담함'이라는 개념과 연결 짓는 교훈이다.

사소한 문제는 결국 사라진다

우리는 과거에 어떻게 도전해왔는지, 시간이 지나면서 근성을 어느 정도 키웠는지에 근거하여 지금 결정을 내린다. 우리가 대담한 능력을 키우는 경험으로 하루를 채우고, 우리의 그릇과 개인적 발자취의 저장소를 키울 때 두려움이 없어진다.

앤절라 더크워스는 『그릿』에서 이에 대한 방안을 제시한다. 이는 그녀가 자신의 아이들에게 어떻게 하면 근성을 더 키우고 대담해지고 끈기를 발휘할 수 있는지 가르치기 위해 활용한 방안이다. 그녀는 이 과정에 "그릿 자체와 그릿을 키울 시간이 모두 필요하다"라고 말한다.[2]

더크워스가 '어려운 일에 도전하기 규칙'으로 부르는 이 과정은 다음과 같다(부모님이나 어른 멘토는 이를 반드시 따르고 참여해야 한다).

1. 온 가족이 어려운 일에 도전해야 한다.
2. 시즌이 끝날 때까지, 수업료를 낸 기간까지, 자연스럽게 끝낼 시점이 될 때까지는 그만둘 수 없다.
3. 스스로 어려운 일을 선택한다.

무엇보다, 더크워스는 그릿을 발전시키기 위한 강제 장치를 만든다. 그녀는 자신의 자녀들이 끈기를 발휘하고 인내력을 키울 수 있는 경험을 쌓게 만든다. 자녀들은 어느 순간 두려움에 직면한다. 어느 순간 난관에 직면한다. 하지만 이 과정에서 그들은 이러한 행동의 이력을 쌓아간다. 이렇게 그들은 세네카가 우리의 하루와 개인적인 순간들을 쏟아 넣는다고 표현한 그릇을 만들어간다. 우리는 근성을 발휘함으로써 끈기라는 역량을 키울 수 있다. 단순히 의도를 정하고 특정한 일을(어떤 일이 되었든 이는 아이들이 선택하게 한다!) 실행함으로써 이 역량을 키울 수 있다. 이때 '어려운 일'에 수반된 개인적 기술보다는 과거 경험의 그릇을 전반적으로 형성하는 일에 초점을 맞추어야 한다. 과거를 돌아보고 자신에게 "지금 내가 직면한 상황은 그리 나쁜 건 아니야. 난 해낼 수 있어"라고 말하는 능력. 이것이 그릇이다.

세네카의 인용문에서 논의할 만한 또 다른 중요한 내용이 있다. 그것은 바로 사소한 일들에 대한 내용이다.

세네카는 사소한 일들은 시간이 지나면서 점차 사라지는 경향이 있어서 그에 따라 우리가 "모든 불운의 영역을 벗어나고 운명의 지배에서 벗어난다"라고 설명한다. 세네카의 경우 이러한 사소한 일들은 한때 불안을 야기했던 결핍, 두려움, 발병이었다. 이러한 일들이 발생했을 당시에는 크게 보였다. 하지만 나중에 역사적 시각으로, 기억의 관점으로 되돌아보면 이러한 일들은 중요성이 희미해지고 완전히 사라지는 것 같다. 이렇게 되면 장밋빛(적어도 더 장밋빛을 띠는) 과거는 고정되고 확고해지고 변치 않으며 "걱정을 일으키거나 자취를 감추지 않는다."[3]

과거에 대한 숙고는 마르쿠스 아우렐리우스가 '사소한 일들'에 대한 우리의 집착을 논할 때 요구한 바를 이루는 한 방법이기도 하다. 그는 이렇게 쓰고 있다. "명심해야 할 것이 있다. 주의를 기울이는 일의 가치는 그 대상에 따라 달라진다. 사소한 일들에는 그에 적절한 정도 이상의 시간을 쏟지 않는 것이 바람직하다."[4]

과거를 되돌아보면 중요하지 않은 일들로부터 중요한 일들이 자연스럽게 추려진다. 과거에 발생된 비슷한 상황을 충분히 생각할 때(가령 나도 그렇고 긴장을 잘하는 수많은 강연자도 그렇듯이 많은 사람들 앞에서 말하기가 실패하더라도 세상이 끝나지는 않았다!) 부정적 시각화 같은 효과적인 도구를 적용할 수 있다. 이때 우리는 '그때 발생 가능했던 최악의 상황은 무엇이었지?'보다는 '실제로 발생한 최악의 상황은 무엇이었지?'라고 자문한다. 같은 원리로, 시간이 흐른 후 생각하면 수많은 관련 없는 일들, 즉 미래의 부정적 시각화를 흐릿하게 만들 '사소한 일들'은 걸러진다. 마르쿠스 아우렐리우스는 사소한 일들에는 딱 그에 맞는 수준의 주의만 기울일 것을 권한다. 어떤 상황이 과거가 돼버리면 우리가 큰 노력을 기울이지 않아도 이렇게 되기 마련이다. 단, 우리가 과감하게 후회를 제쳐두고 객관적 관점으로, 배우는 사람의 관점으로 개인적 발자취를 들여다보는 한 말이다. 이는 스토아 철학의 관점이다.

세네카는 상당히 어두운 표현을 쓰긴 하지만 과거와 미래 사이의 연관성을 제시한다. 그러니까, 우리가 현재에 감사하고 적극적으로 임하고 몰두하기 위해서 과거와 미래가 어떻게 어우러지는지, 혹은 그렇게 되어야 하는지 제시한다. 다음의 인용문은 애석함이 담겨 있긴 하지만, 이 장 첫 부분의 인용문처럼 숙고할 만한 가치가 있다. 여기에 나온 말들을, 의사 결정 과정에서 우선 잠시 시간을 내어 사색으로 차분함과 평정을 유지하는 동기부여제로 활용하길 바란다. 이어서 스토아 철학에 기반한 생활방식으로 다시 돌아오는 동기부여제로 활용하길 바란다. 그래야 미래의 두려움을 현재의 선의에서 나온, 대담하고 고결한 노력으로 바꿀 수 있다. 이는 바람직한 인생을 사는 방법이다. 이는 성공을 향한 반복적인 노력에 도움이 되는, 작은 후회와 실패만 과거에 남아 있게 만드는 방법이다.

세네카는 이렇게 말한다.

나는 노인들 가운데 한 명을 붙잡고 이렇게 말하고 싶다. "인생의 마지막 단계에 오셨군요. 백세 혹은 그 이상의 나이가 그대를 짓누르고 있군요. 이제 지나온 인생을 되돌아보세요. 그 시간 가운데 대금업자, 애인, 보호자, 의뢰인에게 얼마나 많은 시간을 썼는지, 부부 싸움을 하고 자책하고 사회적 의무로 시내 여기저기를 황급히 뛰어다니며 얼마나 많은 시간을 썼는지 생각해보세요. 스스로 자초한 병들과 사용하지 못하고 버린 시간들도 생각해보세요. 이제 남은 시간이 스스로 생각하는 것보다 길지 않다는 걸 알게 될 것입니다. 기억을 더듬어보세요. 언제 확고한 목적이 있었는지, 의도대로 지나간 날들이 얼마나 적은지, 언제 마음대로 할 수 있었는지, 언제 자연스러운 표정을 지었는지, 언제 마음이 괴롭지 않았는지, 그 긴 인생에서 어떤 일을 이루었는지, 스스로 무엇을 잃었는지도 모르는 사이 그대의 삶을 앗아간 사람들이 얼마나 많은지, 근거 없는 슬픔, 어리석은 즐거움, 탐욕스런 열망, 사회의 온갖 유혹으로 얼마나 많은 것을 잃었는지, 온전한 자신 가운데 남겨진 것이 얼마나 적은지를 말입니다. 그러면 자신이 예상보다 빨리 죽어가고 있다는 사실을 깨달을 것입니다.[5]

예상보다 빨리 죽어가고 있다는 점에 연연하지 말고 과거를(당신의 기억과 발자취를, 후회와 성공을) 이용하여 현재를 고무시켜야 한다. 현재를 살아야 한다. 바람직하게 살아야 한다. 기억해야 한다. 당신이 속도를 늦추고, 시간과 마주하고, 삶의 교훈을 현재에 적용할 힘과 인내심을 갖추고 있다면 과거는 당신의 현재를 형성하는 그릇으로서 당신 곁에, 당신 안에 존재한다는 사실을.

13장

사회성

살고, 사랑하고, 웃고, 유산을 남기라.

_스티븐 R. 코비

비평가들은 스토아 철학이 인생을 즐기는 것을 옹호하지 않는다고 비난한다. 앞서 언급했듯 사실 스토아 철학이란 말은 인색한 행동, 스크루지 같은 정서적 고립 상태의 이미지, 즐기는 인생보다 지속적 고통과 결핍에 대한 강조를 떠올리게 한다. 이러한 이미지는 좋은 삶을 위한 스토아 철학의 방식에서 절반만 알기 때문에 생겨나는 것이다.

이는 오늘날 뉴스보도와 매우 유사하다. 스토아 철학에 대한 사운

드바이트_{sound bite}(방송용으로 간략히 줄인 보도 내용-역주)는 맞는 내용이
긴 하지만 여기에는 문맥이, 이 철학이 권하는 요소의 온전한 내용
이 빠져 있다. 여기에는 음울한 측면만 담겨 있고 희망적 측면은 빠
져 있다. 이러한 희망적 측면은 평정심이라는, 달성 가능하고 현재
에 초점을 맞춘 목표에 존재한다. 이뿐만 아니라 스토아 철학자들이
사람들에게 세상의 일원이 되고 존재감과 소속감이라는 인간적 요
소를 즐길 수 있도록 제시한 권고와 요건에도 존재한다.

좋은 삶이란

이를 입증하기 위해 좋은 삶에 대한 세네카의 설명을 살펴보려 한
다. 그는 이렇게 쓰고 있다.

> 그러므로 행복한 삶은 삶의 본성과 조화를 이루는 생활이며 이러
> 한 삶을 실현하려면 다음의 방법밖에 없다. 첫째, 마음이 건전하
> 고 분별력을 지속적으로 유지해야 한다. 둘째, 용기 있고 열정적
> 이며 인내심이 뛰어나며 곤경을 이겨낼 준비가 되어 있어야 하고
> 신체 자체와 신체와 관련된 모든 것에 신경을 쓰되 걱정은 하지
> 말아야 한다. 셋째, 삶에 광채를 더하는 모든 이로운 요소들에 마

음을 기울이되 집착하면 안 되고, 운명의 선물을 활용하되 이것의
노예가 되면 안 된다.[1]

나는 이 마지막 부분에 마음이 확 끌린다. 당신도 그럴 것이다(이
부분은 음울하고, 모든 곤란을 참아내는 이미지가 아닌 시간의 역사를 거친
지혜가 고스란히 담긴 스토아 철학의 이미지를 풍긴다고 언급해두고 싶다).
이 부분을 다시 살펴보자. 세네카는 말한다. "삶에 광채를 더하는 모
든 이로운 요소들에 마음을 기울이되 집착하면 안 된다."[2]

이게 핵심이다. 세네카는 우리에게 삶을 즐기라고 청한다. 그러는
동시에 균형을 유지하고 집착하지 않도록 노력해야 한다고 상기시
켜준다.

세네카는 우리가 평정심을 가장 중시하되 사교성, 즐거움, 삶에서
누릴 수 있는 여러 이점과 좋은 점을 차단하지 않기를 바란다. 그렇
다면 이러한 이점과 좋은 점은 무엇일까?

우선, 사회적 상호작용과 그것이 우리와 타인의 삶에 야기하는 즐
거움이 있다. 우리가 사랑을 하고 사랑을 전파할 때처럼 말이다. 이
는 사회성이 있을 때 누리는 첫째 이점이다.

윌리엄 어빈은 스토아 철학자들이 사회성이나 즐거움을 아예 반
대한 것은 아니라고 말한다. 그들은 그저 우리가 어느 정도는 조심
을 해야 하고 평정심을 가장 중시하기를 원했다. 어빈은 이렇게 말

한다. "인간이란 본질적으로 사회적 동물이며 타인 때문에 문제가 생긴다 해도 계속해서 타인과 관계를 맺고 그 관계를 유지할 의무가 있다고 생각하는 것이 스토아 철학이다."[3]

우리는 여기서 단순히 사회성을 권장하는 것을 넘어서는 개념을 볼 수 있다. 인간의 본성에 사회성이 있기 때문에 다른 사람과의 관계 맺기는 선택사항이 아니라 의무다. 다시 말해, 인간관계 맺기는 우리가 통제하는 영역이 아니라는 말이다. 우리는 인간관계를 아예 맺지 않기로 선택할 수 없다. 우리는 은둔자 같은 칩거, 명상, 세상과의 단절을 추구한다 해도 세상에 태어나서 양육되고 길러지고 배우고 사랑받고 비난받기도 하면서 다듬어지며 현재의 우리가 되었다. 우리가 사랑하고 우리에게 도전의식을 불어넣어주고 조언을 해준 사람들과 일련의 상호작용을 하고 인간관계를 맺으면서 말이다. 아무리 철저한 은둔생활을 하더라도 그러한 관계는 우리의 내면에서 작용하고 있다. 그러한 관계의 영향력과 기억은 계속 남아 있다. 그러므로 우리는 사람과의 관계를 맺을 것인가 맺지 않을 것인가에 대해 선택할 수 없다. 사람과의 관계는 어디서나 존재한다. 이는 인간으로 존재하는 데 피할 수 없는 부분이다.

그렇다면 우리는 어떻게 할 수 있을까?

스토아 철학자들은 우리가 다른 '문제들'에 직면했을 때처럼 이 문제를 통제 가능한 부분과 불가능한 부분으로 나눌 것을 주장한다.

우리의 인간관계에서 통제할 수 있는 부분은 무엇인가? 우선, 이것에 대한 우리의 태도가 있다. 우리는 타인에게 접근하는 방법을 선택할 수 있다. 타인에 대한 태도를 통제할 수 있다.

유명 영화배우 빈 디젤Vin Diesel은 최근 인터뷰에서 타인에 대한 태도와 관련하여 정감 있고 사려 깊은 일화를 말해주었다. 빈 디젤은 그의 많은 팬들이 알고 있듯이 대형 나이트클럽에서 오랫동안 경비원으로 일했다. 거기서 그는 온갖 유형의 문제 행동들을, 몹시 불쾌하고 추잡한 면을 보여주는 사람들을 끊임없이 대해야 했다. 그는 이러한 경험에 대해 다음과 같이 말했다.

> 한번은 여느 때처럼 근무하던 날에 큰 싸움이 벌어진 후 제가 이제껏 그 일을 해왔다는 사실이 실망스럽더라고요. 왜 만 명이 이용하는 이 거대한 나이트클럽에서 모든 사람의 분노를 억압하고 제지하는 것이 내 일상인 걸까라는 기분이 들었어요. 그때 아버지가 이런 말씀을 해주셨어요. "빈, 난 이 세상 곳곳을 여행하면서 말이야 …… 뭔가 깨달은 게 있어. 사람들은 대체로 선하다는 거야." 간단한 말이지만 아주 많은 의미가 담겨 있었어요. …… 이걸 보시는 모든 분이 그렇게 말할 수 있거나 말할 준비가 되어 있거나 그렇게 말하면서 스스로 편안함을 느끼는 건 아니겠지만, 아무튼 사람들은 대체로 선하다는 걸 만일 진정으로 믿는다면 이건 우

리가 세상을 대하는 방식에 영향을 줘요. 저는 여러 게시물을 통해(소셜 미디어에서 그의 존재감을 엿볼 수 있는 부분이다) 진심으로 세상은 선한 사람들로 구성되어 있다고 느낀다는 점을 말하고 있어요.[4]

빈 디젤은 사람들을 다르게 보기로 선택했다. 사람들에게 타고난 선함이 있다는 생각으로 그들을 대하기로 선택했다. 주어진 상황에서 자신이 통제할 수 있는 부분, 즉 자신의 태도를 조절하기로 선택했다. 사람들이 싸우는 것을 막을 수는 없었다. 사람들의 불쾌한 행동을 막을 수는 없었다. 하지만 어떤 상황에선 자신을(그리고 자신의 평정심을) 보호할 수 있었고 내면의 관점을 바꾸어서 문제에 다르게 접근할 수 있었다. 빈 디젤은 자신의 접근법에 이러한 관점을 계속 적용하고 있다. 이것이 나이트클럽 경비원으로 일할 때 자신이 삶의 어느 방향으로 가고 있는지, 무슨 일을 하고 있는지 생각하며 느낀 불안과 우울함을 극복하는 데 도움이 되었다고 말한다. 그뿐만 아니라 호혜적 효과가 발생되기 때문에 이러한 접근법을 계속 쓴다고 말한다. 이는 그가 상대방의 선한 면을 찾으며(혹은 선한 면이 있다고 생각하며) 접근할 때 상대방도 다르게 반응한다는 의미다. 놀라운 일이다.

사회적 승수 효과

덕을 갖춘 인생을 살아야 한다는 스토아 철학의 원리에 근거한, 선함에 대한 이러한 가정은 이를 수용하는 사람들에게 비슷한 결과를 일으키는 행동 패턴처럼 느껴진다. 이는 단순히 빈 디젤의 성공 이야기가 아니다. 빈 디젤의 마인드 컨트롤에 대한 이야기도 아니다. 우리는 빈 디젤과 같은 결과를 얻지 못할 수도 있다. 우리는 <분노의 질주> 다음 편에 아마 출연을 못할 것이고 <가디언즈 오브 갤럭시> 다음 편에서 그루트의 목소리 연기를 해달라는 요청을 받지 못할 것이다. 하지만 우리가 타인을 어떻게 볼 것인가에 대한 (우리가 통제할 수 있는) 선택은 분명 크고 작은 방식으로 타인이 우리를 보는 관점을 달라지게 만든다.

라이언 홀리데이는 『돌파력』에서 이 부분에 대해 말한다. 물론 우리가 장애물을 기회로 봐야 한다는 점은 그의(그리고 전반적으로 스토아 철학자들의) 기본적인 신조다. 우리는 장애물을 거꾸로 뒤집어서 우리에게 유리하게 이용해야 한다.[5] 이런 식으로 관계에서 '부정적 측면에 매달리는' 자연스러운 경향을 방지할 수 있다. 생각과 행동에서 부정적 측면을 내보내는 것은 거꾸로 뒤집어볼 수 있는 한 방법이다. 부정적 생각을 내보내고 용서하고 잊을 때 마음을 정화하고 일상생활에서 평정상태로 돌아갈 수 있을 뿐만 아니라(그 결과 더 바람직하고 이성적인 결정을 내리게 된다) 관용을 드러낼 수도 있다. 이럴 때 우리는 보복의 순환과 지속적인 분노에 대비하기보다 관계를 재정립하고 즐거움과 선함을 증가시키는 상태가 된다. 빈 디젤이 직접 말하지는 않았지만 우리는 상상할 수 있다. 빈 디젤의 아버지가 그의 삶을 변화시킨 통찰력을 제공한 다음 날, 혹은 일주일 후 그가 그 나이트클럽으로 돌아갔을 거라고 말이다. 그는 아버지의 조언을 실천하려고 노력했다. 사람들에 대해 선의의 해석을 하려고 노력했다. 나이트클럽의 모든 사람이 의심스러운 의도를 품고 있다는 생각에 항상 다음번 주먹다짐을 준비하기보다 그들의 좋은 면을 보려고 노력했다.

어쩌면 누군가가 주먹을 휘둘러 빈 디젤이 무방비상태로 당하는 일이 여러 번 있었을지도 모른다. 하지만 신뢰를 드러내고 상대의 좋은 면을 보고 차분한 그의 첫 반응에(이럴 때 의사 결정의 수준을 높여주는 평정심도 향상된다) 상당수의 사람들이 뒤로 물러서고, 화난 사람들이 '주먹을 휘두르지 않았을' 것이다. 이는 빈 디젤에게 이롭다. 고객에게도 나이트클럽에게도 이롭다. 이러한 태도는 다른 경비원들에게도 전염될 수 있다.

한번 상상해보자. 처음엔 싸우려 했지만 빈의 눈빛에서 차분하고 관대한 이성과, 술고래를 단호하게 혼낼 수 있다는 내면의 의지를 모두 발견하는 손님들과 자애로운 경비원들이 있는 나이트클럽을 말이다. 이는 영향력이 있고 전염성이 있다. 이는 빈 디젤의 성공에 계속 기여한다.

하지만 여기에 또 다른 면이 있다. 빈과 그의 아버지와의 관계에서 이러한 측면을 볼 수 있다는 점이다. 우리는 이러한 측면이 빈과 동료 경비원들 사이에, 혹은 빈과 손님들 사이에 나타났을 거라는 가정을 할 수 있다.

이는 '사회적 승수 효과social multiplier effect'로 불린다. 이는 세네카가 우리에게 긍정적이고 즐겁고 생산적인 상호작용을 유지해야 할 '의무'가 있다고 언급한 것을 이해하는 데 중요하다. 이러한 승수 효과는 사회성이란 우리가 선택하는 것이 아니라는 사실을 기반으로 한다. 여기에는 우리가 산중턱으로 들어가 동굴을 찾아 인간 사회와 사람과의 상호작용으로부터 영원히 도망쳐야 한다는 개념은 없다. 우리는 사회성을 가지고 태어나고 이를 피할 수 없을 뿐만 아니라 (그래서 이는 통제할 수 없는 부분이다) 사회성으로 직접적인 이익을 얻는다.

공자가 살던 시대에도 사람들은 사회적 승수 효과에 대해 이해하고 있었다. 공자는 이렇게 말했다. "너보다 낮지 않은 사람과 우정을 쌓으려고 하지 말라."

이 말은 우리가 성장하고 진화하는 인간으로서 우리 자신을, 동기 부여 강연자 짐 론Jim Rohn의 말대로 "가장 많은 시간을 보내는 다섯 사람"의 평균 혹은 이들의 결과물로 여겨야 한다는 오늘날 이론과 조화를 이룬다.[6] 만일 우리가 형편없는 사람 다섯 명과 많은 시간을 보내기로 선택한다면(이는 곧바로 통제 가능한 선택이다) 우리 자신도 형편없는 사람이 될 것이다. 만일 우리가 우리의 평정을 침해하는 사람 다섯 명과 많은 시간을 보내기로 선택한다면 진정한 평정심에 이르지 못할 것이다. 반면, 만일 우리가 삶이라는 여정에서 훌륭하고, 훌륭함을 고무시켜주고, 평정심, 사려 깊음, 즐거움의 씨앗을 내면에 품고 있는 친구와 동행자를 의식적으로 찾아서 친분을 쌓는다면 우리 자신도 이러한 특성들을 키우게 될 것이다. 더 평정심을 유지하고 더 사려 깊으며 스스로 더 즐겁고 타인에게 더 즐거운 존재가 될 것이다. 그러니까, 더 훌륭한 사람이 될 것이다!

사회적 승수 효과는 아득한 옛날부터 공자 같은 철학자들이 관찰하고 언급했던 것이다. 제임스 R. 플린은 이러한 사회적 승수 효과를 좀 더 과학적으로 설명했다. 그는 아이들이 농구하는 모습을 보면서 이러한 현상을 처음 목격했고 추상적 사고력의 세대 변화를 설명하기 위해 같은 논리를 적용했다. 그의 의견은 간단히 다음과 같다.

각각의 아이들은 실력이 점차 향상되면서 함께 겨뤘던 아이들의 학습 환경을 본의 아니게 향상시켰다. 농구 실력을 향상시키는 방

법 중 하나가 기술 수준이 약간 더 높은 아이들과 시합하는 것이기 때문이다.[7]

실험 결과가 보여주듯, 좀 더 폭넓게 적용할 때 이는 비단 농구뿐만 아니라 우리가 인생을 배우는 (그리고 즐기는) 능력의 모든 측면에서도 주변 사람들이 중요하다는 점을 의미한다. 공부를 더 잘하는 학생들을 친구로 삼는다면 학업적으로 더 성장하게 된다. 애정 어린 사람들을 주위에 둔다면 사랑하고 사랑을 즐기는 능력이 향상된다. 운동을 더 잘하는 사람을 주위에 둔다면 코트, 경기장, 아이스링크에서 운동 기술이 향상된다. 사람의 선함을 먼저 보려고 하는 경비원들을 주위에 둔다면 난폭해질 수 있는 상황을 완화시킬 수 있다. 이뿐만 아니라 선하게 행동하는 사람들 수와 한 장소에 존재하는 선함의 전반적인 양이 실제로 증가할 것이다. 그곳이 아무리 거대한 나이트클럽의 입구처럼 폭력과 유혈이 빈번하게 발생되는 장소라 해도 말이다.

사회작용을 통제하라

요컨대, 어빈이 말한 대로 스토아 철학자들은 사회적 관계를 지지하지만 "동료를 선택할 때는 신중하라고 경고한다. 타인에게는 우리의 평정심을 흩트릴 수 있는 힘이 있기 때문이다."[8]

즐거움이란 좋은 것이다. 사회성을 발휘하면 즐거움이 생겨난다. 사회성을 발휘하면 마음이 편안해진다. 그리고 평정심이 증가된다. 사회성을 발휘하는 것을 피하지 말아야 한다. '삶에 광채를 더하는 이로운 요소들'을 적절하고 균형 있게 즐겨야 한다. 하지만 우리가 이러한 상호작용의 특정한 요소들을 통제할 수 있다는 점을 항상 명심해야 한다. 우리는 인간관계를 완전히 끊고 살지 못한다. 하지만 누구와 상호작용을 하고 그러한 상호작용을 어떻게 형성할지 선택할 수 있다.

우리는 이러한 내용이 마르쿠스 아우렐리우스의 유명한 말에서 빛을 발하는 것을 본다. 이는 로마제국을 다스리는 일을 하며 만나게 될 사람들에 대한 인식의 재구성과 관련하여 자신에게 하는 유명한 훈계다. 그는 자신에게 이렇게 말했다.

하루를 시작하면서 자신에게 이렇게 말하라. 오늘도 나는 주제넘게 간섭하는 사람, 배은망덕한 사람, 무례한 사람, 배신하는 사람, 악의를 품은 사람, 이기적인 사람을 만나게 될 것이다. 그들이 그런 짓을 저지르는 것은 선과 악이 무엇인지 모르기 때문이다. 하지만 나는 선의 본성과 그것의 고결함을, 악의 본성과 그것의 비열함을, 그러한 잘못을 저지르는 이들의 본성을 오래전부터 알고 있었다. 그들은 나의 동족이다. 그들이 나와 혈연관계에 있기 때문이 아니라 나와 마찬가지로 이성과 일정한 몫의 신성함을 지니고 태어난 존재이기 때문이다. 그러므로 그들은 내게 해를 끼칠 수 없다.[9]

하지만 마르쿠스가 이 주제에 대해 했어야 하는 말은 이게 전부가 아니다. 어빈은 이렇게 설명한다.

심지어 타인이 우리에게 아무런 행위를 하지 않아도 평정심이 무너지는 경우도 있다. 우리는 친구, 지인, 이웃, 동료는 물론이고 전혀 모르는 사람에게조차 잘 보이고 싶어 한다. 그래서 남들에게 보여주기 가장 적절한 옷을 입고, 적절한 자동차를 몰고, 적절한 이웃을 둔 적절한 집에 살려고 시간과 노력을 들인다. 하지만 이러한 노력에는 늘 근심이 뒤따른다. 우리는 '잘못된 선택을 하지는 않을까', '다른 사람들이 한심하게 생각하지는 않을까' 두려워한다. 이러한 점이 우리가 은둔자처럼 살아야 한다는 점을 암시하는 것처럼 보일지 모르지만 마르쿠스 아우렐리우스는 이렇게 말한다. "유대감은 우리가 창조된 목적이다." 따라서 인간의 역할을 잘 수행하는 사람은 이성적이면서도 사회적인 사람이다.[10]

나는 이성과 사회성의 조합, 마음 챙김의 필요성과 친밀함과 경험에서 나오는 즐거움의 필요성의 조합보다 더 나은 조합을 발견하지 못했다. 사람들은 악할 수 있다. 하지만 우리는 좋은 면을 보기로, 우리 안의 선함으로 세상에 접근하기로 선택해야 한다. 이러한 상호작용이, 우리가 유대감으로 발걸음을 내딛는 그 순간이 우리가 이 세상에 태어난 진정한 목적이기 때문이다.

나는 당신이 이것(빈 디젤, 마르쿠스 아우렐리우스, 세네카, 플린의 사회적 승수 효과)을 명심하며 앞으로 나아가길 바란다. 그리고 이것을 기쁨, 즐거움, 타인과의 연대에 대한 접근법을 재구성하는 데 활용하기를 바란다. 이것을 유념해야 한다. 균형을 유지해야 한다. 주변을 선함으로 채우고 스스로 타인을 위한 선함과 빛의 원천이 되어야 한다. 하지만 우리가 하는 상호작용과 이러한 상호작용을 바라보는 관점 역시 우리의 삶에 광채를 더하는 진정한 이점이라는 사실도 알아야 한다.

14장
감사

> 몸보다 정신을 치료하는 것이 더 필요하다. 나쁘게 사는 것보다
> 죽는 편이 더 낫기 때문이다.
>
> _에픽테토스

위 인용문은 지금껏 내가 생각하는 최고의 영화 <파이트 클럽>의 한 장면을 떠오르게 한다. 타일러 더든(브래드 피트)이 주유소 관리인 레이먼드 헤스를 인질로 잡은 장면이다. 타일러 더든이 주유소 뒤편 골목길에서 레어먼드의 무릎을 꿇게 한 후 머리에 총을 겨눌 때 내레이터 잭(에드워드 노튼)이 뒤에 서서 불안으로 괴로워한다. 타일러 더든은 광포해 보인다. 그는 광적이면서도 묘하게 이성적인 행동

을 이미 많이 해왔다(판을 뒤집는 방식으로). 가령, 지방 흡입술 전문병원의 쓰레기통에 버려진 인간의 지방을 훔쳐서 비누를 만든 것처럼 말이다. 관객은 타일러가 레이먼드를 죽일 거라고 생각한다. 잭은 타일러가 자신도 죽일 거라고 생각한다. 가장 중요한 점은 레이먼드 역시 자신이 죽을 거라고 생각한다는 것이다.

하지만 바로 그 순간 타일러는 냉철해지기 시작한다. 그는 레이먼드에게 무엇이 되고 싶은지 묻는다. 레이먼드는 고백한다. 시간이 지나면서 절실함이 사라졌지만 한때 수의사를 꿈꾸었노라고. 타일러는 레이먼드의 운전면허증을 가져가고는 그를 놓아주면서 경고한다. 6주 후 확인했을 때 그가 수의사가 되기 위해 진지한 노력을 기울이지 않고 있다면 반드시 죽이겠다고 말이다.

이 모든 상황이 끝난 후 잭이 다시 언쟁을 벌인다. "도대체 왜 그랬어? 이유가 뭐야?"

물론 타일러는 할 말이 있다. "내일은 저 녀석의 삶에서 가장 아름다운 날이 될 걸. 아침식사도 그 어느 때보다 맛있을 거야."

그러자 잭은 관객에게 곧바로 내레이션을 한다. "그럴듯했다. 타일러의 언행엔 제법 일리가 있었다."

이 장면은 스토아 철학과 관련이 있다. 부정적 시각화를 온전히 실행한다는 점에서 그렇다(극단적이긴 하지만).

이것은 부정적 시각화와 이 장의 주제인 감사하는 삶을 사는 능력

사이의 상호보완적인 강한 유대를 보여주는 예이기도 하다. 이 주제는 스토아 철학이 추구하는 '선함'의 핵심을 이룬다.

감사를 부르는 부정적 시각화

타일러가 보여준 이러한 원리의 적용은 다소 광적이긴 하지만 좋은 예이다. 이것은 정신의 치유와, 신체와 비교할 때 정신의 중요성에 대해 에픽테토스가 쓴 내용의 핵심을 찌른다. 타일러 더든과 에픽테토스는 이렇게 말한다. "정신의 상태가 좋지 않다면 신체가 무슨 소용이란 말인가?" 타일러는 좀 더 극단적 방법이지만 마음과 정신이 현재 감사하는 상태에 더 가까워지게 만들려고 신체에 위협을 가했다.

이러한 방식은(누군가의 머리에 무기를 갖다 대는 것은 물론 드문 경우지만) 스토아 철학에서 평범한 생활이 우리의 정신에 끼칠 수 있는 피해와 삶을 즐기는 능력을 복구하고 감사를 장려하기 위해 활용되는 방식과 비슷하다. 바로 부정적 시각화다. 이를 활용할 때 우리는 속도를 줄이고 현재 소유한 것을 음미하게 된다. 이러한 음미의 부산물이 바로 감사함이다.

윌리엄 어빈은 우리가 감사하며 살지 못할 때 발생되는 피해를 다음과 같이 설명한다.

> 미래의 불행에 대해 고심해야 할 훨씬 중요한 이유가 있다. 바로
> 결코 만족할 줄 모르는 인간의 본성 때문이다. 우리는 원하는 것
> 을 얻으려고 그토록 애타게 노력해놓고도 막상 욕망을 채우고 나
> 면 흥미를 잃어버리고 만다. 만족감을 느끼지 못하고 다소 따분해
> 하다가는 이런 지루함을 떨치기 위해서 다시 새로운 욕망, 전보다
> 훨씬 큰 욕망으로 옮겨간다. …… 심리학자 셰인 프레더릭과 조지
> 로웬스타인은 이러한 현상을 쾌락 적응이라고 부른다.[1]

이는 감사하지 못하는 상태가 어떻게 생겨나고, 어떤 현상을 일으
키고, 우리에게 어떻게 스며드는지 설명해준다. 일부러 그런 상태에
있는 사람은 아무도 없다. 하지만 우리는 물건과 성취와 단순한 시
간의 경과가 쌓이면서 무감각해지는 경향이 있다. 더 위험한 사실은
이렇게 되면서 우리가 점점 더 많이 원하게 되고, 지금 이 순간과 지
금 소유하고 있는 것과 통제할 수 있는 것이 아닌 자신이 통제하지
못하는 저 먼 해안을 바라보게 된다는 점이다. 그러면서 통제하지
못하는 부분들을 걱정하기 시작하고 지금 여기를 잊는다. 이러한 순
환은 계속 반복된다.

부정적 시각화는 이러한 순환의 고리를 깨는 데 도움이 된다.

부정적 시각화를 하면 잠시 멈추고 자신의 우선순위를 재정리하는 시간을 보내게 된다. 이때 자신이 통제할 수 있는 부분과 없는 부분에 초점을 맞추게 된다. 앞서 언급했듯 죽음은 결국 통제할 수 없는 부분이다. 그러므로 죽음에 대한 두려움은 우리가 이성적으로 생각하고, 발생 가능한 최악의 시나리오를 상상할 때 사라지는 경향이 있다.

정신상태를 바로 잡으려면 때로는 비유적 의미의 총을 자신의 머리에 겨누는 일이 필요하다(이어서 광적인 역할을 하며 '수의과 대학 입학' 같은 개인의 꿈을 향한 진전이 어느 정도 이루어졌는지 확인할 필요가 있다). 부정적 시각화는 이렇게 신경을 곤두서게 하는 양상을 띨 수 있다. 극단적으로 향할 수도 있다. 부정적 시각화는 우리의 궁극적 죽음을 투영하여 죽음을 적절한 위치에, 아마도 훨씬 덜 중요한 위치에 배치시키는 데 존재하는 모든 장애물을 줄일 수 있다.

하지만 부정적 시각화는 이보다 훨씬 간단하게 시작하고 끝나며, 훨씬 덜 위협적으로 진행되면서 효과적일 수 있다.

사랑스러운 중국 아이에 대한 이야기가 있다. 부정적 시각화와 감사할 때 발생되는 결과 사이의 연관성을 보여주는 이야기다. 이야기는 생계를 위해 밭에서 일하는 농부 가족으로부터 시작된다. 그들은 너무 가난해서 거의 쌀과 생선으로 만든 식사만을 했다. 그들은 겨울을 위해 생선을 말려두었다. 이 이야기의 시작 부분에서 여자아이가 밥투정을 한다. 아이는 이제 생선 맛이 지긋지긋하다. 항상 같은 음식만 물리도록 먹었던 탓이다. 아이는 잘사는 사람들이 먹는 다양한 음식을 간절히 먹고 싶어 한다. 하지만 어느 겨울에⋯⋯.

⋯⋯ 일찍이 눈이 내려 아주 오랫동안 녹지 않았다. 사람들은 쥐들로부터 쌀을 안전하게 보관하려고 쌀을 부대에 넣어 보관했다. 소금을 쳐서 말린 생선은 천장 가까운 곳에 높이 매달아놓았다. ⋯⋯ 시간이 지나도 쌀은 꽤 남았지만 생선은 거의 바닥이 났다. 얼마 후 식사로 쌀만 먹는 신세가 되었다. 이제 생선은 하나도 남지 않았다. 여자아이는 자기가 실제로 생선을 좋아했다는 점을 깨닫기 시작한다. 생선 없는 밥은 너무 밋밋했다. 아이는 생선 없는 밥은 먹기 싫다며 엄마에게 불평했다.

엄마는 아이 옆으로 왔다.

"쌀은 아주 좋은 음식이야. 쌀을 먹어서 우리가 살 수 있는 거야. 먹을 쌀이 있는 것에 감사해야 해. 생선도 쌀도 전혀 없는 사람들도 있거든. 그 사람들은 어떨 것 같니? 아마 엄청 배고프겠지. 우린 배는 안 고프니까 행복한 거야."

"하지만 이젠 쌀이 지겨워요." 아이가 말했다.

"자기 자신을 통제하는 법을 배우고 바뀔 수 없는 일들에 불평을 하지 말아야 해. 네가 기분이 나쁘면 다른 사람들도 기분이 나빠지는 거야. 아빠의 기분이 안 좋아지는 건 원치 않지? 아빠는 네가 웃고 밥을 잘 먹는 모습을 본다면 불평하지 않는다는 생각에 기분이 좋아지실 거야! 아빠는 우리에게 아직 쌀이 있어서 감사해하고 계셔. 아빠나 엄마는 그거로도 만족하거든. 우리 딸도 밥만으로도 만족하는 법을 배워야지."[2]

이 말은 효과가 있었다. 여자아이는 어느 정도 노력을 기울여 쌀밥에 감사하는 법과, 여기에 더해 생선을 먹을 기회가 생길 때 그 맛을 즐기고 감사하는 법도 배웠다.

그런데 그해 겨울 후반에 아이의 친구 가족의 집에 먹을 것이 완전히 바닥났다. 쌀도 생선도 전혀 없었다! 친구의 식구들은 여자아이네 집에 있는 쌀을 나누어가기 시작했다. 아이는 상황이 그러했지만 기분은 더 좋았다. 이 과정에서 그 아이가 깨달은 것은 부정적 상황을 경험하면서 엄청난 감사를 알게 되었다는 점이다(이는 상상보다는 실제 경험을 통해 감사를 깨닫게 된 점에서 레이먼드가 타일러 더든의 살인 협박을 경험한 경우와 비슷하다). 생선이라는 혜택이 사라지자 생선은 훨씬 맛있는 음식이 되었다. 이 아이는 생선이 있는 것에 더 많은 감사를 느끼게 되었다.

감사도 습관이다

레이먼드가 무릎을 꿇은 상태에서 타일러 더든이 권총의 공이치기를 뒤로 당길 때 죽이겠다는 협박의 기운이 감돌았다. 이 순간 레이먼드는 삶의 가능성과, 쉽지 않은 개인적 목표를 이루며 살 가능성에 그 어느 때보다 이끌렸다. 결과적으로 타일러는 레이먼드에게 곧바로 감사하는 마음이 되어야 한다고 암시한 셈이다. 그는 다음날 아침에 그 어느 때보다 식사를 즐기면서 맛있게 할 것이다.

「생선과 쌀」 이야기의 마지막 부분과 레이몬드가 감사를 느낄 거라고 타일러가 강조한 부분에서 두 가지 중요한 사항을 더 짚어볼 수 있다. 첫째, 「생선과 쌀」 이야기에서 여자아이는 한때 너무 싫어했던 생선 맛이 다시 진가를 느껴보고 싶은 맛이라는 점을 깨달으며 감사하는 능력을 키우게 되자 새로 발견한 이러한 능력을 더 폭넓고 추상적인 수준으로 확장할 수 있었다. 아이는 쌀을 나누는 것에 감사함을 느꼈고, 자기 몫의 쌀이 없어지는 것을 경험하는 기회에도 감사함을 느꼈을 것이다. 자신의 친구와 친구의 가족이 밥을 먹고 살아남는 데 도움이 된 것에 뿌듯했기 때문이다. 부정적 경험이 부정적 시각화와 연결되면서 우선 내면의 감사함이 생겨났고, 이렇게 단순한 형태의 감사를 실행한 이후에는 감사를 확대하는 능력이 증가되었다. 이 모든 것이 합쳐져 스토아 철학자들이 우리가 알고 소유하길 원하는 미덕인 행복과 기쁨이 만들어졌다. 같은 방식으로, 타일러 더든은 죽을 뻔한 부정적 경험에 대해 말한다. 타일러 더든은 이와 같은 일이 레이먼드 헤스에게 일어났다고 강조한다. 우선, 레이먼드는 살아있는 것에 감사함을 느낀다. 이러한 감사함은 커져서 좀 더 추상적인 개념에 적용될 수 있다. 그러니까, 아침 식사가 정말 맛있다고 느끼고 여기에 더하여 엄청난 감사도 느낄 수 있는 것이다.

기쁨은 감사에서 나온다. 감사는 만들어질 수 있다. 이것이 이 두 이야기에서 둘째로 중요한 시사점이다. 감사는 (그리고 기쁨은) 부정적 시각화를 통해 무(無)인 상태에서 만들어질 수 있다. 그리고 연습을 통해 감사 능력과 감사의 질이 증가될 수 있다. 부정적 시각화를 하면서 합리적 행동을 지속적으로 연습하고, 풍요로운 삶에 대한 감사 표시를 북돋우는 평정심에 이르면 감사하는 능력이 형성된다. 운동을 하면 근육이 생기듯이 말이다. 스토아 철학 블로그 프로코프톤에 감사의 습관에 대해 논의된 글이 있다.

> 감사를 자주 실천하다 보면 습관이 된다. 이렇게 되면 일상의 문제들을 적절한 맥락에서 생각해볼 수 있다. 그러면서 삶을 바라보는 관점이 점차 변하기 시작한다. 이것은 때로는 해야 하는 걸 잊어버릴 수도 있는 작은 습관이다.

그러므로 우선 부정적 시각화로 시작하여 이를 일상의 습관으로 만든 후 매일 끈기와 근성으로 이 습관을 적용해보자. 그러면 삶을 바라보는 관점이 바뀌기 시작한다. 감사하는 기술을 발전시키기 위해서 원래 있던 재능(가령, 아침 식사에 대한 감사처럼 처음에 지녔던 조그마한 감사)에 노력을 더해야 한다. 시간이 흐르면서 이러한 기술에 장시간 더 많은 노력을 기울이면 결국 성취에 도달한다. 이러한 연결 고리의 마지막에 있는 성취는 기쁨이며 인생에서 이루는 성공이기도 하다. 여기서 '노력×재능=기술, 노력×기술=성취'라는 앤절라 더크워스의 공식을 생각해볼 수 있다. 결국 같은 원리이고 똑같은 방식이다. 이 공식이 기쁨이란 감사를 통해 생겨난다는 추상적 개념에 적용되는 것이다.

성취로서의 감사에 담긴 이중적 성질(기쁨+세속적 성공)을 가장 잘 보여주는 사례는 아마 마르쿠스 아우렐리우스의 인생일 것이다. 그의 『명상록』은 일상에서 고마움과 감사함을 키우는 과정과 이러한 과정의 결과를(성공과 삶의 기쁨) 담아내고 있다. 이러한 결과는 감사한 생활에서 추구되는 성취이다. 이는 스토아 철학의 미덕을 위한 궁극적 상태 즉, 바람직한 인생이다.

자세히 들여다보면 『명상록』은 감사함에 대한 계속되는 기도로

읽힐 수 있다. 이는 그가 통제할 수 있는 부분에(사람들에 대한 태도) 초점을 맞추도록 도움을 준 친구, 스승, 가족, 주위 사람들에 대한 감사의 표현이다. 프로코프톤 블로그에 이런 글이 있다. "마르쿠스 아우렐리우스는 타인에게 받은 도움에 감사해했다. 이러한 태도는 그의 성격을 형성했고 그의 교육에 대한 기회를 제공했으며 정신적 성장을 촉진했다."[4]

나는 「생선과 쌀」 이야기, <파이트 클럽>의 장면, 마르쿠스 아우렐리우스의 사례가 감사의 효과에 대한 광범위한 증거를 제시한다고 생각한다. 하지만 우리는 이를 한 단계 더 깊이 생각할 수 있다. 현대 과학의 놀라운 연구 결과가 있기에 지금 우리는 주관적인 일화에 의존할 필요가 없다.

감사와 웰빙

감사와 웰빙 사이의 연관성을 다룬 다양한 학문적 연구가 진행되어왔다. (하지만 연구원들은 "심리학자들은 그동안 선보다 악에 대한 연구에 더 관심을 기울였다는 점은 문서로 충분히 입증되었다"라며 불만을 토로한다.[5]) 한 연구 결과는 감사와 주관적 웰빙 사이의 강한 연관성을 보여줄 뿐만 아니라 다음과 같은 점을 지적한다.

감사는 긍정적 사건을 경험하게 하고, 부정적 사건에 적응하게 하며, 긍정적 사건에 대한 변환 작업과 검색 작업을 수행하게 하고, 개인의 사회 연결망을 촉진하며, 우울증을 예방하고 완화시켜 행복을 증진시킨다.[6]

이 연구를 통해 다음과 같은 점도 밝혀졌다.

우리는 감사가 긍정적 영향을 끼친다는 점을 입증했지만 행복도 감사를 촉진한다는 점도 가능하다. …… 우리는 행복과 감사가 '선의 순환' 속에서 작용한다고 본다. …… 그러므로 감사가 행복을 촉진하지만 행복 역시 감사를 촉진하는 것이다. 이는 또 다른 '상승 나선(upward spiral)'이다. 이 원리에 의하면 한 이점이 또 다른 이점으로 이어지는 긍정적 영향을 개인에게 불러일으킨다.[7]

그러므로 우리는 여기서도 감사함의 이점을 볼 수 있다. 감사와 주관적 웰빙('기쁨'이라는 개념을 과학적으로 표현한 방식) 사이의 관련성에 대한 연구에서 이 두 가지에 강한 관련성이 있다는 점은 과학적으로 입증되었다. 더욱이, 이 두 가지는 서로 호혜적으로 작용하는 것 같다.

이 모든 내용은 다음과 같은 점을 의미한다.

- 부정적 시각화를 통해 감사를 습득할 수 있다.
- 연습을 통해 감사의 영역을 확장할 수 있다.
- 감사의 기술을 충분히 발휘하면 두 가지 결과를 얻는다. 인생에서 이루는 성공과(수의사가 되거나 훌륭한 로마 황제가 되는) 기쁨이 그것이다.
- 우리가 기쁨을 느낄 때(외부에서 발견하는 것이 아니라 내면에서 스스로 발생되는) 기쁨이 감사를 강화하는 '상승 나선'이 형성된다. 기쁨이 감사를 만들어낸다. 그리고 감사가 기쁨을 만들어낸다.

정말 대단한 명제처럼 들린다!

이 모든 과학적 내용들은 아주 오래전부터 스토아 철학자들이 알고 있었던 엄연한 사실이다. 윌리엄 어빈은 이렇게 말하고 있다. "스토아 철학의 부정적 시각화라는 기술은 사람들을 우울하게 만들기보다 주변 세상을 더욱 즐길 수 있게 해줄 것이다. 그러한 세상을 당연한 것으로 여기지 않게 해준다는 점에서 그렇다."[8]

세네카, 마르쿠스 아우렐리우스, 에픽테토스, 타일러 더든은 이에 동의할 것이다!

나는 감사에 사람을 변화시키는 힘이 있다는 점도 증명할 수 있다. 나는 삶 속에서 매일 감사하기를 실천한다. 감사를 느끼려고 더이상 일부러 노력할 필요가 없다. 어디를 가더라도, 평범한 일상에서도 항상 감사를 느낀다. 애완동물과 거처할 집이 있고 건강하다는 사실에 감사하다. 그리고 가족처럼 아주 특별한 대상에도 감사를 느낀다. 이러한 것들을 잃을까 걱정하지 않고 내가 이러한 것들을 당연하게 여기지 않으려고 감사해한다.

나는 최악의 시나리오에 대비하기 위해서 부정적 시각화를 활용한다. 또한, 시간의 가치를 감사해하고, 삶에서 더 좋은 것들을 즐기기 위해 시간의 가치를 극대화하기 위해서도 부정적 시각화를 활용한다. 아내와 시간을 보낼 때, 우리 집 고양이와 놀 때, 우리 집으로 걸어 들어갈 때 부정적 시각화를 한다. 이렇게 할수록, 잠시 멈추고 평정상태가 되어 세상으로 감사의 말을 보낼 때마다 감사에 더욱 잘 도달하고 더욱 행복해진다는 사실을 깨닫는다. 친구들과 동료들에게 예전보다 더 감사해한다. 하찮은 일들에 연연하지 않고 진정한 인간관계를 형성하고 누리는 능력을 더 갖추게 되었다. 만일 어떤 사람이 지속적으로 싫을 때는 내가 통제하지 못하는 문제를 해결하거나 관계를 완벽하게 만들려고 애쓰는 대신 그냥 그 사람을 피하라고 내 자신에게 타이른다.

　나는 이 주제에 대해 영원히 말할 수 있다.

　그렇게 하고 싶은 마음이다.

　하지만 나는 당신처럼 영원히 살지 못하는 인간이고 이제 이 컴퓨터 화면에서 나가 세상 속으로 들어가야 할 것 같다. 거기서 나는 단순히 스토아 철학에 대해 말하거나 글을 쓰는 대신 소 카토처럼 실제로 스토아 철학자가 '되고', 스토아 철학에 기반한 삶의 방식대로 '살 수' 있다.

　나는 그러한 삶의 방식에서 공유할 필요가 있는, 너무나도 많은 이점들을 발견했다. 나는 이 책이 당신이 따를 수 있는 로드맵, 오를 수 있는 사다리, 스토아 철학이 세상일에 대한 암울한 인내를 옹호한다는 개념에서 벗어나게 해줄 '상승 나선'을 제공해주기를 바란다. 이러한 철학을 실천할 때 다음과 같은 면에서 유익할 거라고 확신한다.

　'자신이 통제할 수 있는 부분과 통제할 수 없는 부분에 대한 인식력을 키울 때' 좌절감을 덜 느끼고 노력에 집중한 결과를 경험하기 시작한다. 처음으로 성공을 음미하게 되고 더 큰 성공을 원하게 될 것이다!

　나는 자신이 통제할 수 있는 문제에만 집중하는 힘이 강해지면 계속 올바른 길로 가게 만드는 '자기 수련'이 강화된다고 믿는다.

이러한 길의 난간은 스토아 철학의 여러 가지 미덕이다. 그 가운데 가장 중요한 것은 평정심이다. 평정상태의 멈춤이 친숙해지기 시작하면 '덕을 갖춘 인생을 사는 것'에 담긴 여러 이점들이 당신에게 펼쳐지기 시작한다. 불교의 상징인 연꽃의 봉오리가 펼쳐지는 모습처럼. 이는 인간이 불멸의 내세에 닿는 데 도움을 주기 위해 덕이 쌓이는 것이라는 다른 신조들과 달리 지금 여기서 더 바람직하게 살기 위한 방안이다.

평정상태의 멈춤은 '두려움 없는 마음'을 발견하는 데 도움이 된다. 이때 중요하지 않은 일을 식별하고 문제를 작은 단위로 나눌 수 있다. 이 시점에서 두려움 없는 마음, 혹은 두려움 없는 태도는 단순히 이성의 작용으로 보일 것이다.

두려움 없는 마음으로 정복된 문제의 저편에서 새로운 기회를 발견할 것이다. 두려움 없는 마음이 '좌절을 기회'로 만드는 데 도움이 된다는 점을 깨달을 때 이러한 점은 또 다른 '상승 나선'이 될 수 있다. 좌절을 극복할 때마다 좀 더 대담하게 행동하는 능력을 키우게 된다.

하지만 우리가 아무리 대담해도 문제가 쉽게 해결되지 않을 때도 있다. 이때 해결책은 근면과 인내심이다. 망치로 돌을 조금씩 깎아내면 힘든 일의 노고도 조금씩 덜어진다.

이러한 몇 가지 사항들은 스토아 철학에 기반한 삶의 방식을 이루는 핵심이자 구성 요소다. 이러한 부분들을 삶의 자연스러운 부분이자 습관으로 포함시킨다면 이를 세세하게 조정할 수 있다. 우선 스토아 철학의 '마음'을 어느 영역에서 연마해야 하는가를 추론해볼 수 있다.

이는 스토아 철학에 기반한 '의사 결정'에서 시작된다. 이러한 의사 결정의 기저에는 인간의 이성, 인간을 동물과 구별하는 특징이 포함된다. 이성은 표면적으로는 만족스럽지 않지만 장기적으로 볼 때 선함, 기쁨, 평정심에 이르는 선택을 내리게 한다.

스토아 철학은 '멘토십의 중요성'을 이해한다. 우리는 비슷한 길을 걸었고 비슷한 좌절을 기회로 바꾼 사람들에게 배울 수 있기 때문이다.

아스팔트에 닿는 면적이 더 넓은 경주용 자동차의 넓은 타이어처럼, 우리는 '사실주의'를 함양하면 좀 더 의미 있고 영향력 있는 방식으로 세상과 상호작용하게 된다.

창의력, '기민성', 대담함은 창의적인 성취에 필요하며 문제를 성공에 이르는 사다리로 바꾸어주는 역할을 한다. 기민성은 자신이 담기는 그릇의 형태대로 모양을 형성하는 물과 같다. 어떤 문제가 맹렬한 끈기로 해결되지 않는다면 다른 방식을 쓰는 것이 합리적인 선택이다.

이 책의 '마음' 부분은 특정한 스토아 철학의 능력을 연마하도록 구성되었다. 하지만 스토아 철학의 '정신'을 논의한 마지막 부분은 좀 더 보편적으로 정곡을 찌르는 내용이다. 이 영역에서 우리는 앞에서 암시했지만 더 깊은 명상과 적용으로 스토아 철학의 실천과 삶의 질을 높여줄 폭넓고 중요한 개념들을 다룬다.

이 가운데 첫째 개념은 '자아에 대한 진정성'이다. 이에 '당연한 거 아니야'라는 생각이 들 수도 있다. 물론 당신에겐 진정성이 있을 것이다. 하지만 이를 좀 더 깊이 이해해보면 우리의 취약성이란 우리를 저지하는 것이 아니라 우리의 갑옷 역할과, 타인에 대한 신뢰와 연민을 북돋우는 연결고리 역할을 더 자주 한다는 점이 드러난다. 진정성은 사람들을 이끄는 방식이고 우리가 존재해야 하는 방식이다.

우리는 과거에서 벗어날 수 없다. 그러므로 '과거를 스승으로' 활용하는 편이 낫다. 이렇게 하는 목적은 지금을 더 충실하게 살기 위해서다. 이 방법은 우리의 개인적 경험을 기반으로 하기 때문에 부정적 시각화의 더 강한 형태와 같다.

예전의 스토아 철학에 대한 평판과 달리 고대 철학자들은 우리가 고립된 방식으로 세상사에서 멀어지거나 세상사를 견뎌낼 것을 결코 권하지 않았다. 그들은 우리가 인생에 광채를 더하는 모든 것을 즐기기를 원했다. 여기에는 '사회성'을 발휘하는 것도 포함된다.

마지막으로 '감사'에 대해 진부한 내용으로 끝낼 수도 있지만 이는 스토아 철학의 방식이 아니다. 그 대신 과학과 이성에 근거하여, 감사와 기쁨이 서로를 강화해주는 '상승 나선'의 양상으로 작용한 다는 점을 이 책에서 보여주었다. 감사는 기쁨을 불러일으킨다. 기 쁨은 감사를 불러일으킨다. 그리고 이 두 가지는 당신과 스토아 철 학에 기반한 새로운 삶의 방식에서 비롯될 평정심 속에서 더 커지 고 평정심을 더 깊이 있게 해준다.

당신이 이 길에서 몇 걸음 더 나아간 시도를 하고 당신에게 찾아 오는 여러 이점과 기쁨을 가늠해보는 것. 이점이 나의 가장 큰 희망 이다. 이러한 이점과 기쁨이 당신에게 백배의 축복을 주기를, 내가 그랬듯 당신도 이 현실적이고 중요한 삶의 방식에서 평정심, 대담 함, 성공, 기쁨을 경험하기를 바라 마지않는다.

주

1. Stockdale, "Courage Under Fire," p.141

1장

1. Long's translation, p.11
2. Ibid, 22.
3. Irvine, p.87.
4. Adam Taylor, Washington Post, March 15, 2016. https://www.washingtonpost.com/news/worldviews/wp/2016/03/15/an-all-female-crew-lands-a-plane-insaudi-arabia-but-they-cant-drive-from-the-airport
5. www.ted.com/speakers/amy_purdy
6. Irvine, p.123
7. Seneca, "Consolation to Marcia."
8. From https://michaelhyatt.com/it-is-as-you-choseit-to-be.html
9. Holiday, p.44
10. D'Alessandro, p.11

2장

1. Irvine, 263.
2. Meditations, IV.33
3. http://www.moneyaftergraduation.com/2016/01/04/why-you-should-practice-poverty summarizing Tim Ferris
4. On the Happy Life, XIV.2
5. http://theweek.com/articles/450712/4-life-hacksfrom-ancient-philosophers-that-make-happier
6. Seneca, "On Anger," bk. III, sec. 13.

7. McGonigal, p.129

8. Richard Stengel, "Mandela's Way" TIME Magazine, http://www.today.com/popculture/prisonwas-mandela-s-greatest-teacher-wbna36087300

9. Ibid.

10. Ibid.

11. Stockdale, p.13

12. Stengel, p.18

13. Ibid.

14. https://www.theguardian.com/world/2013/dec/06/nelson-mandela-life-quotes

15. Stengel, TIME Article on "Mandela's Way."

16. Holiday, p.31

3장

1. Discourses, IV.1

2. Seneca, Costa trans, p.31

3. https://en.wikipedia.org/wiki/Marcia_(wife_of_Cato_the_Younger) (especially Colleen McCoullough's interpretation of Cato's position re Marcia).

4. http://www.artofmanliness.com/2008/02/24/lessonsin-manliness-benjamin-franklins-pursuit-of-thevirtuous-life/

5. Ibid.

6. Meditations, VIII.50

7. http://www.thirteenvirtues.com/

8. Ibid

9. https://en.wikipedia.org/wiki/Poor_Richard%27s_Almanack

10. http://www.thirteenvirtues.com/

11. Irvine, p.36

4장

1. Long's translation, p.14

2. Greene; 50 Cent. The 50th Law, p.244

3. Holiday, p.29

4. Irvine, pp.97-98

5. Pressfield, "War of Art," p.51

6. To Marcia, IX.5

7. On Tranquility, XI.6

8. Greene; 50 Cent. The 50th Law, p.59

9. http://blog.visme.co/amazing-leaders-who-oncehad-crippling-stage-fright-and-how-they-overcame-it/

10. Teddy Roosevelt, "Citizenship in a Republic," speech at the Sorbonne, 1910. http://design.caltech.edu/erik/Misc/Citizenship_in_a_Republic.pdf

11. Meditations

5장 ————————————————————————————————————

1. Holiday, p.18

2. https://www.reddit.com/r/IAmA/comments/5smddl/we_are_stoic_indie_developers_creating_the_banner/

3. https://www.ted.com/talks/amy_purdy_living_beyond_limits

4. http://www.creativitypost.com/psychology/famous_failures

5. http://www.chopra.com/articles/break-onthrough-a-meditation-for-overcoming-obstacles

6. Irvine, p.73

6장 ————————————————————————————————————

1. http://www.quotes.net/quote/16935

2. Holiday, p.78

3. Greene. 50th Law, p.212

4. Duckworth, p.39

5. Greene. 50th Law, p.212

6. Ibid.

7. http://www.notablebiographies.com/Mo-Ni/Newton-Issac.html

8. Greene, 50th Law, p.215

9. Duckworth, Grit, p.42

10 Ibid

11 Ibid, p.44

12 Duckworth, pp.216-217

13. Ibid, pp.194-195

14. Seneca, To Helvia.

7장

1. Epictetus, "Discourses," I.xv. 2-3.

2. Meditations.

3. Duckworth, p.64

4. https://www.theguardian.com/lifeandstyle/2014/nov/14/how-to-avoid-monkey-trap-oliver-burkeman

5. https://www.quora.com/How-powerful-is-thebrain-compared-to-a-computer

6. http://www.nbcnews.com/science/human-brainmay-be-even-more-powerful-computer-thought-8c11497831

7. Greene; 50 Cent. 50th Law, p.37

8장

1. Letters from a Stoic.

2. These points elaborate on the substance of the article "Three Ways to Learn from a Bad Leader," by Jamie Chavez, published May 16, 2016 at http://www.rebeccabender.org/blog/2016/5/19/three-ways-to-learn-from-a-bad-leader

3. Executive Warfare, p.63

4. Grit, p.107

5. Ibid, p.118

6. Altucher, Reinvent Yourself, taken from http://www.jamesaltucher.com/2015/10/reinventing-yourself/

7. Grit, p.144

8. http://www.csmonitor.com/Books/2012/0119/National-Mentoring-Month-10-life-changing-stories-fromcelebrities/William-Jefferson-Clinton

9. Grit, p.194

10. Ibid.

11. http://www.csmonitor.com/Books/2012/0119/National-Mentoring-Month-10-life-changing-stories-fromcelebrities/James-Earl-Jones

12. Bukowski, from the poem "Too Sensitive," Tales of Ordinary Madness, p.100

9장

1. Anderson, Tiffany, "Juror Misperceptions of Eye Witness Evidence,"" University of Northern Iowa, 2015. http://scholarworks.uni.edu/cgi/viewcontent.cgi?article=1191&context=hpt

2. Holiday, p.27

3. Letters from a Stoic

4. Epictetus, Enchiridion, 2nd c.

5. D'Alessandro, p.222

6. For more on the relationship between vulnerability and trust, see Brown, Brené, "Listening to Shame," Ted Talk, March 2012, https://www.ted.com/talks/brene_brown_listening_to_shame/transcript

7. "Lessons Learned from Popular Culture," p.34

8. Ibid.

9. Long's translation, XLV, p.39

10. Irvine, p.235

10장

1. Greene, 50th Law. http://goodinfection.com/bookquotes-the-50th-law-robert-greene/

2. To Helvia, XX.

3. Seneca, On the Shortness of Life, trans CDN Costa, p.7-8

4. Bruce Lee, https://www.brainpickings.org/2013/05/29/likewater-bruce-lee-artist-

of-life/

5. https://www.gaudreaugroup.com/gaudreaujournal/the-dog-the-leopard-and-the-monkey/

6. Duckworth, p.42

7. Holiday, p.36

8. Stockdale, p.6

11장

1. https://blogs.psychcentral.com/imperfect/2017/04/inspirational-quotes-to-help-you-know-yourself-andlive-authenticity/

2. Ibid

3. Long's translation, p.35, XXXV

4. Ibid, p.20, XVI

5. http://www.smithsonianmag.com/arts-culture/thestory-behind-banksy-4310304/

6. Ibid

7. Long's translation, p.36, XXXVII

8. Martin, George RR. https://www.youtube.com/watch?v=7St9TtLzoLk

12장

1. Seneca, On the Shortness of Life, X, http://www.forumromanum.org/literature/seneca_yo
unger/brev_e.html#10

2. Duckworth, p.233

3. Seneca, On the Shortness of Life, X, http://www.forumromanum.org/literature/seneca_yo
   unger/brev_e.html#10

4. Meditations, 4:32

5. Seneca, CDN Costa, On the Shortness of Life, p.4

13장

1. The Happy Life, https://www.loebclassics.com/view/seneca_youngerde_vita_beata/1932/pb_LCL254.107.xml

2. Ibid

3. Irvine, p.129.

4. https://www.youtube.com/watch?v=Fw4Fg2Y4D2U&feature=youtu.be&t=24m

5. Holiday, https://www.goodreads.com/work/quotes/26493723-the-obstacle-is-the-way-the-timeless-art-of-turningadversity-to-advant?page=3

6. http://www.businessinsider.com/jim-rohn-yourethe-average-of-the-five-people-you-spend-the-mosttime-with-2012-7

7. Duckworth, Grit, p.84.

8. Irvine, p.127

9. Meditations, II.1s

10. Irvine, p.128, citing Marcus Aurelius, V.16, VI.44

14장

1. Guide to the Good Life, p.66

2. https://yogastories.wordpress.com/2010/09/17/fishand-rice-a-story-about-self-control-and-gratitude-forchildren-age-6-10-years/

3. http://prokopton.com/2016/02/thetransformative-power-of-stoic-gratitude/

4. Ibid.

5. Watkins, Woodard, Stone, and Kolts, "Gratitude and Happiness: Development of a Measure of Gratitude and Relationships with Subjective Well-Being," Social Behavior and Personality Journal, 2003, p.431.

6. Ibid, p.448

7. Ibid, p.449

8. Guide to the Good Life, p.81

지금 여기서 행복한 고대인들의 생활철학
스토아적으로 살아갑니다

1판 1쇄 찍음 2020년 5월 13일
1판 1쇄 펴냄 2020년 5월 20일

지은이   조지 브래들리
옮긴이   김은경
펴낸이   조윤규
편집   민기범
디자인   홍민지

펴낸곳   (주)프롬북스
등록   제313-2007-000021호
주소   (07788) 서울특별시 강서구 마곡중앙로 161-17 보타닉파크타워1 612호
전화   영업부 02-3661-7283 / 기획편집부 02-3661-7284 | 팩스 02-3661-7285
이메일   frombooks7@naver.com

ISBN   979-11-88167-30-2 03190

이 도서의 국립중앙도서관 출판예정도서목록(CIP)은 서지정보유통지원시스템 홈페이지
(http://seoji.nl.go.kr)와 국가자료공동목록시스템(http://www.nl.go.kr/kolisnet)에서 이
용하실 수 있습니다. (CIP제어번호 : CIP2020016072)